U0596532

101 个哲学脑洞

[法] 罗歇－保尔·德鲁瓦　著

彭怡　译

Roger-Pol Droit

101 expériences de philosophie quotidienne

海天出版社

HAITIAN PUBLISHING HOUSE

·深圳·

图书在版编目（CIP）数据

101个哲学脑洞 / （法）罗歇－保尔·德鲁瓦著 ；彭怡译. — 深圳 ：海天出版社，2018.1（2020.8重印）

（大家小译丛）

ISBN 978-7-5507-2142-5

Ⅰ. ①9… Ⅱ. ①罗… ②彭… Ⅲ. ①哲学－通俗读物 Ⅳ. ①B-49

中国版本图书馆CIP数据核字(2017)第215478号

版权登记号　图字：19-2017-071号

101 expériences de philosophie quotidienne

by Roger-Pol Droit

© ODILE JACOB, 2001, 2003

此中文简体版本经法国巴黎　Odile Jacob出版社授权在中国大陆地区出版发行，版权代理为打开代理公司（Dakai Agency）

Simplified Chinese translation copyright © 2018

by Haitian Publishing House, Shenzhen, China

101个哲学脑洞
101 GE ZHEXUE NAODONG

出 品 人	聂雄前	
责 任 编 辑	林凌珠　岑诗楠	
责 任 校 对	万妮霞	
责 任 技 编	蔡梅琴	
封 面 设 计	蒙丹广告	

出 版 发 行	海天出版社
地　　　址	深圳市彩田南路海天综合大厦（518033）
网　　　址	www.htph.com.cn
订 购 电 话	0755-83460239（邮购、团购）
设 计 制 作	深圳市龙瀚文化传播有限公司 0755-33133493
印　　　刷	深圳市晶宇印刷有限公司
开　　　本	889mm×1194mm　1/32
印　　　张	8
字　　　数	130千
版　　　次	2018年1月第1版
印　　　次	2020年8月第3次
定　　　价	38.00元

大家小译丛

　　"大家"指的当然是大学者，也指大众；"小译"则主要指的篇幅，而非内涵。

引言

日常生活中的历险

此书是一种消遣，也就是说，它试图以轻松愉快的方式来探讨重要问题。和帕斯卡尔所认为的相反，我觉得，虽然严肃的问题应该引起我们的关注，要花力气去研究，而小事不值得我们大动干戈，但把严肃的问题与鸡毛蒜皮的小事对立起来是徒劳的。其实，小事让人思考，可笑通往严肃，深刻来自肤浅。当然，不是永远如此，也不是事事如此，并非任何蠢事都必然包含哲学之珠。

不过，有些很普通的情况、很常见的行为、我们天天做的日常工作，可能会成为惊天大事的出发点，诞生出伟大的哲学。如果大家都承认哲学并非纯理论，如果大家都同意它源自对生活的奇特姿态，来自哲学家在感情、感觉、形象、信仰、权力和思想方面的大胆冒险，那么，想象出一些东西来体验也不是不可能，它们也是一些激励手段。

体验的目的是触动小小的启动开关，想出一些要做、要说、要梦想的东西，它可能会让人感到惊诧，察觉到某个问题让人不安。我们将从一些很小很小的事情开始，以此为最基本的推动力。紧贴生活，边玩边谈。

本书描述的每种体验都要真的去做。可以比较、修改，然后创造更多，但必须进行真正的练习，直到感觉它让我们超脱了常规思维。自从有了哲学家以来，这个问题就一直存在：换个位置，走远一步，换个视角——尽管起初很有限。这样，我们就可以从完全不同的角度来观赏风景。

如果说这一消遣可能有用，那是因为它提供了某些出发点。大胆，这是有意的；滑稽，如果需要的话。但每项体验都会让人以为是确实无疑的明显事实发生了动摇：比如说，我们的身份，外在世界的稳定，或者是词汇的意义。对每个人来说，道路都是不同的，并不通往同样的结果。这样更好，只要出发就可以了。

当然，这些体验是建立在某些假设和信念之上的，它们尤其暗示"我"很有可能永远是他人，世界是一个幻想，时间是一个诱饵，语言是难以描述的东西上面的一层薄纱，礼貌是延期支付的残暴，快乐是一种道德，温柔只是一个远景。没有人强迫你分享它们，促使每个人继续下去这才是最重要的。

当然也包括每个女性。我不相信哲学只是男人的事情，尽管过去往往如此。不过，我觉得在本书中没有必要特别标明是男读者还是女读者。

总之，这一消遣的本意可以用一段特别的对话来概括：

"你想去什么地方？"

"去你想去的地方！"

目 录

1
大声喊叫自己的名字

时间：20分钟左右
材料：一个寂静的地方
作用：变成双重人

在一个寂静的房间里席地而坐，房间里最好没什么家具。首先专注地沉默一会儿，知道自己将要说话和倾听。仔细倾听周围微弱的声响，心想这种平静很快就会被打破。准备突然说话。

好了，大声喊出自己的名字。发音要清晰，不断重复，坚持下去。好像你是在很远的地方大声呼喊一个听不见你喊叫的人；设想你是在叫一个认识你却没有看见你的熟人。仿佛在田野的一头喊对面的人，或是在岸边喊叫船上的人，又或者是在一栋房子里喊叫另一栋房子里的人。

起初，前15到20次，你会觉得自己不过是在自言自语，荒唐可笑地叫喊一个不在场的人，一个不可企及的人，徒劳地拖长声音，吐字清晰，变换语调，连你自己都不敢相信。请继续，反正门是关着的。

慢慢地，你开始感觉到有人在叫自己。首先声音模糊，几乎难以察觉，迟迟疑疑，不怎么肯定。应该让自己处于这种状态，关注内心和外界之间的这种不稳定的平衡。坚持，重复，再呼喊自己十几遍，机械地，不由自主地。这确实是你自己的声音，也是别人的声音，他就在那里，你刚刚看到他。

你的声音并没有一分为二，当然，你本人也没有分身。不过，你感到自己变成了双重人，可以说身体内部被分裂了。真的是你在呼喊，但你不知道是谁；真的是有人叫你，可你不知道声音从何而来。或者说，假如你清楚地知道在这两种情况下都是你，这个"你"，你会认为不过是同一个人。而且，你知道大家也认可这一点。可恰恰相反，这不是你现在感觉到的。你知道尽管这两个"你"不过是同一个人，但你已经不能完全彻底地感觉到这一点了。叫喊的是同一个人，但与被叫喊的却不是同一个人了。

这一体验就是延长内与外、叫喊与倾听的游戏。应该尽可能让自己感受到这个熟悉的名字是多么古怪，如果不觉得自己是另外一个人，你永远也不会这样喊自己。显然，只有别人才这样叫你，在正常情况下，你本人绝不会这样叫你自己。请继续大声喊叫自己的名字，要定期喊，喊够一定的次数。目的是引起这种轻微的不适，但并不一定不愉快，它伴随着对自身的轻微超脱。让这种微醺的感觉持续一会儿。

怎样才能摆脱这种状态呢？用什么方式来填补空缺，让边缘重新合上？

用最自然的方式，使尽力气，大喊一声："行了！我成功了！"

2
弄空词义

时间：两三分钟
材料：手边的东西
作用：失去象征性

可以在任何地方做，用不着特定的时间。还是像上次一样，只要能肯定别人听不到你说话就可以了。在体验过程中最好不要受到干扰，担心被人取笑。自言自语并没有什么，但被人窥视和嘲笑会影响我们所追求的效果。

所以，只需找一个谁也听不到你说话的地方。随便拿起你手头的东西，最常见的物品，铅笔、手表、玻璃杯，甚至是你衣饰上的一件东西，一个扣子或一条皮带，一个袋子或一条鞋带，什么都可以，一件普通的东西即可。你已习惯它的名称和存在。对你来说，这东西长期用同一个词来称呼，同样、自然、正常的词。

接着，抓住这个不狡猾、不奇怪也没有危险的小东西。看着它，低声重复它的名称。比如说，盯着夹在手指间的铅笔，不断重复道："铅笔""铅笔""铅笔""铅笔""铅笔"……你可以一直这样说下去，这不会花你太长时间。不一会儿，那个熟悉的词就飞走了、萎缩了，你重复的是一系列奇怪的声音。一些荒谬、无意义、不说明任何问题、不表明任何物质的噪声，或流畅，或结巴，缺乏理性。

也许你小时候曾经这样玩过。我们大家或者说几乎所有的人都有过这样的感觉，词语与物体之间的关系极其脆弱。我们一旦扭曲、拉伸或拖长它，这种关系就复杂起来。这个词语卷起或者折断，变得干涸，化成齑粉，就像贝壳，发出空洞的响声。

那个物体的变化同样令人吃惊，其物质似乎变得更厚、更密、更粗了。它一落到常用词语的细网之外，就会怪异得难以形容。

这个古老的分解游戏，必须不断重复。认真观察一下词的意义是如何消失的，词语之外的现实又是如何粗暴地出现的。看它个清清楚楚。形容同一件东西的同一个词，多次重复，弄空它所有的意思，这难道不很美妙吗？可怕？滑稽？只需片刻就能让那层薄膜出现裂缝，而我们却不为所动，对自己还能说事物的名称心满意足。

3
徒劳地寻找"我"

时间：不限
材料：无需
作用：溶解

这是你最常用的一个词。在日常生活中，"我"这个词几乎出现在你的任何句子当中。从很小的时候起，你就不用自己的名字来称呼自己了，而是用"我"这个词来表达自己的欲望、失望、计划、希望、各种行为、疾病、快乐、感觉、柔情、对香草的喜爱或对茴香的厌恶。你早就把这个如此短的词和你的许多精神状态结合在一起。它与感情和回忆有内在的紧密联系。表面上看，没有它，什么都干不了。在你所有的故事和判断中都有它，任何决定和思考都离不开它。

奇怪的是：大家都使用同一个词。我们当

中的每一个人，最隐秘的感情、最奇特的事情都与这个既非自己选择也非自己创造、别人也同样使用的词相关。语言学中的一个代词。没有比这个人称代词更非"个人化"了。从语言学的角度来看，它所指的人完全可以替换。谁都可以说"我高兴"或"我伤心"。每个人都与别人不同，但大家都用这个人人都使用的词来指代自己，这是一个十分矛盾的现象。但你跟任何人一样，不会去想这个问题。你还有很多事要干，不会被这类问题所困扰。

不管怎么样，请寻找一下这个"我"藏在什么地方。它是否存在？怎样才能找到它？通过什么来认出它？如果你提出这些问题，并认真地做出回答，你会发现这个"我"并不容易定位，也不容易甄别。

这不是一场时间要求不多的短暂体验；相反，它可能是一场长时间的追踪，需要时间和各种机会，需要一定的耐心和毅力。那么，这个简简单单的"我"究竟在哪儿？你将在不同的地方，从不同的角度寻找很久，最后很有可能失败而归。那时，事情就开始变得有趣了。

你可能会追踪一些足迹，在这过程中，别忘了身体的存在。这个"我"虽然是单数，却跟其他词一样，不仅仅指这具身体，也包括它的习惯、弱点、缺陷和特点。不过，你在自己身上永远也找不到"我"。10年前的细胞没有一个活到现在，你身体上的任何成分都跟以前不同。你所谓的"我"指的是什么？外貌、整体结构，还是身体组织？通常来说，除了思想，一切都在变化，但你的回忆、你的意识还是老样子，尽管受到了损伤，但还是和以前相同。在这个方面也如此，你抓不住"我"，永远只能找到一些被你所谓的"我"所影响的思想、词汇、回忆、主张和愿望。

在所有这些感觉和心理活动中，"我"似乎是共同的统治者，但它不是支柱，也不是动力，只是一种家庭气氛。一种十分丰富的思想和感觉所共有的特质，很像颜色或是香味；一种出现方式，也可能是一种风格，而不是其他。"我"不是某种东西，也不是某人，但也不仅仅是一个词。也许是某段副歌，一封折叠起来的信，一种不重要的相对的特质。

如果你成功地体会到了这一点，你应该知道接下来要拿它做什么用。这种"不可能"的发现对你的人生会产生什么影响？如何对待"我"的这种缺席？

那是另一个问题了。

4
让世界存在20分钟

时间：21分钟
材料：一个世界和
　　　一只挂钟
作用：恐惧和解脱

昔日沉淀了，镶嵌在一切言行当中。它藏在思想里，尽管思想似乎对它毫不理会。未来也同样，它将不断地支持所有的计划，陪伴着我们的一切预感。

假如我们试图——哪怕是虚幻的，仅仅是为了好玩——松开这些可怕的束缚，那会怎么样？那就让我们尽最大努力地想象一下，过去从来就不曾有过，未来也不存在。想象我们所处的这个世界只存在20分钟。它是一下子建成的，刚刚建成，包括我们，一分钟前还不存在。世界现在所包含的一切，比如晕眩、古代的废墟、图书馆、纪念碑、档案、或近或远的回忆，这一切都刚刚同时出现。档案在那儿，证人也在，但它们所说的过去是刚刚才存在的。

这个世界只拥有20分钟的生命期限，一分钟不多。超过这个期限，它便会彻底消失。没有大裂变，没有宇宙爆炸，没有疯狂的拥抱，也没有大熔炉，只有突然的灭绝。就像肥皂泡破灭，就像电灯突然关掉。

好好地待在这个只有20分钟的世界里。你会发现，从某种意义上来说，它和我们的世界是多么相像：同样大小，同样的气候，所有的物质都相同，同样的人在做同样的事。但请看清楚了：这却不是同样的世界，它缺少真实的历史深度和可展望的未来远景，但可以显得和我们的世界完全一样，它并不会由于有时间限制而与我们的世界有任何不同。在这个短暂的世界完全消失之前，曾幻想有过或将有另一种现实的你，要设法明白，你的想法与这个以分来计算的世界是多么不同！你越是感到这种区别和距离之大，你便越能感到远古的追忆和未来的远景对我们是多么重要。

随着命中注定的20分钟期限临近，你一定会感到由衷的恐惧。啊，一切真的都要消失了。

但说不定什么都没有发生，你也许会在第21分钟的时候走出这种毫无对象的恐惧。这时，你会拼命享受这种解脱：啊，世界在继续！

接着，你可能会暗中有些失望，好像只剩下回味：唉，什么都没有消失！

蹩脚的玩家……

5
低头看星星

时间：30至60分钟
材料：一片布满星星的
　　　天空
作用：胸怀宽广

最好是在一个夏夜。不能有云。如果你有一座花园那就更好了。躺在干燥的地方，你需要大约一个小时。

现在，你仰面躺下，看着星星。星星数不胜数，太神奇了。你必须同时感到害怕而又放松，夜给人以安慰却又显得神秘。

在这里，所有的底片都有价值：夜色既温柔又温暖，星星闪烁让人觉得自己渺小；所有的图案都各就各位。千万不要犹豫，沉醉其中，全身心地投入。

等够一定的时间，直至感觉到自己被钉在

地面，几乎被巨大的空间所压倒，就像一个小小的质点，身体上面，是广阔无垠的宇宙。

你要体验的就是那种天地颠倒的感觉。慢慢地，你会觉得自己所见的星星是在下面，你俯瞰着它们，幸亏被一股巨大的力量顶着才没有掉下去。不过，那片巨大的天空是在下面。你在星星的深渊上空盘旋，冒着随时会掉到里面的危险。

这种感觉并不会马上产生，必须慢慢适应，不要死死盯着，偶尔注意一下即可。其过程如同三维图像的形成。久久地看着一张扁平的树叶，上面布满了符号，不单光滑，而且难以理解。必须懂得等待。然后，一切都突然颠倒。

你感觉到，一切真的都在你下面。

极微小的一个动作，一次呼吸，稍一分心，或者是一不留神，你就会在大地与虚无之间慢慢地进行转换，从天上走下来。

站起来时要相当慢，走路要当心。

6

看风景，像看一幅展开的油画

时间：20至30分钟
材料：一道平静的风景
作用：惊讶

海边或是乡村，最好是城市。相对简单的景色，变化不要太大，可以单调一点。色彩对比不要太强烈，形式上不要有太多的冲突。

坐下来，准备凝视。不是看，不必盯着任何东西。你的目光不用探寻任何东西，不用停留在任何东西上面。相反，它要扫视全景，与目标保持距离，有点模糊，好像没有任何东西能让它停下来或吸引它。表面光滑，几乎没有任何形状。你必须觉得一切都在一个平面上，没有凹凸，而是扁平的——就像一张画。时间可能有长有短，有时见效很快。一切都要看情况，取决于你，取决于心情，取决于景色。

当你察觉到这个整体就像一个光滑的平面，没有内在的张力，体验就可以真正开始了。想象你所看到的一切，从天上到地上，或静止或运动，只出现在一块展开的布上，非常大的布。巨大的"银幕"，全景式的，颗粒很细，清晰度很高。

如果你达到了这种程度，如果你觉得面前的一切不过是一幅彩色油画，几乎一动不动，像一幅古老的大银幕，那么，你就可以想象油画即将展开。景色全都藏在这个帷幕里面，把它卷起来的时候，你会看到它极慢地变成别的东西。

朝哪个方向？从上面卷还是从下面卷？从某个角开始？还是从某一边垂直地折？这就要看你的心情了。

实验的目的，就是要感觉到世界可以卷在画中。发现藏在后面的东西，你会略微恐惧。不要设想那一定是一个深不可测的黑夜、一团旺火、一道深渊。什么都没有。重要的是要感觉到这个世界可能一直在滑行、在逃避，缺乏稳定性；重要的是面对这一风景时心中有点慌张。

在帷幕拉开之前，你可以走出这种体验，要求几分钟的幕间休息时间。不管怎么样，你不会趁机进行回避，一走了之。你已经知道幕布不会等你。现实的存在感慢慢地淡了，世上不容置疑的东西受到了侵蚀。一切都可能在不经意间发生，随时，随地。

7
丢失或遗忘什么

时间：不可预料
材料：因人而异
作用：让人不安

　　什么事情都可以准备，除了失去和遗忘。所以，这种体验无法彩排。两个主要条件必须偶然相遇，体验才有可能。

　　必须丢失了一件东西，重要的或者是不重要的东西，已经知道真的弄丢了，但还没有意识到丢的是什么。所以，必须成为——这非常罕见，但并非不可能——这双重损失的受害者：丢了东西，又失去了记忆。

　　你知道丢了一件常用的东西，或者是别人交给你的东西，甚至是你所负责的一个文件，是什么不重要……但尽管如此，你还是不知道那是什么。

眼下，你只隐约感觉一系列事情当中出现了一个缺口，但暂时还无法弄清，给它一个清晰的轮廓。什么东西走偏了而又无法校正，忘了什么东西，却又不知道是什么，所以加倍担心。这就是你可能会遇到的情况。

可以说，这种情况非常罕见，要主动挑起它是不可能的，只能等待它突然出现，尽管可能性很小；然后，准备迎接这种可能性的出现。说不定，它比我们想的更常见。通常，那是要自我隐瞒的时刻。我们把它埋藏起来，把沙子拍紧，它消失在日常琐事耀眼的灰尘中，就像悬浮的尘粒，只有在阳光下才能看得见。

而我们却相反，我们是在等待这样的时刻，严加关注。假如你有幸突然遇到了这种罕见的机会，我们的实验就是要让你感受到这种奇特的状态。这不是一种悔恨，因为没有可悔恨的东西；这也不是耻辱，不是朦胧的或难以理解的尴尬。它要模糊和可怕得多。忘了遗忘，隐约知道自己确实忘了。然而，什么叫"隐约知道"？有这种东西吗？怎么称呼？这种关于时间的错觉是以什么方式存在的？就像人们从外部看自己，不过，是从侧面看，看得不是很清楚，角度变形，朦朦胧胧。

这时，这种不可弥补的缺失可能会让你感到十分担心，它将突然出现，而你却并不清楚里面是什么。如想了解更多，你可以选读一些关于精神病或神秘学的著作。

8
知道自己早上在哪里

时间：多变
材料：无需
作用：暂停

这是给大忙人的一种体验，适合疲惫的旅人、高压下的商人和精神紧张的决策者，适合所有过于劳累的人。

选一天当中快要结束的时候，或者是非常喧闹的一天，再或者是连续几天超负荷工作、出差、动荡不安之后的一天。总之，要得到这种体验，必须先让自己连轴转，累得神志不清。选择你开始感到自己再也不能掌控一切的时刻。你理不出头绪，已经无法面对那么多的变化和数据。

当你到了这个地步，紧张、疲劳、神经质让你怀疑自己是否还能继续工作下去的时候，体验就变得简单了。问一问自己：我今天上午在哪？也可以变着花样问：我听到的第一句话是什么？我是跟谁第一个约会？昨晚我是跟谁一起过的？（等等，根据你所过的生活而定）

许多人能毫不犹豫地回答这些问题，立即就知道自己是在哪里醒来的，吃了什么，说了什么，读了什么，听到了什么，见了什么人。对于那些必须生活在重复当中，时间单调、日子贫乏的人来说，这类问题并没有什么意思。他们马上就会知道答案，因为今天像往常一样，天天如此。办公室、商店、农场、工厂，没有变化。

而对其他人来说呢，到处奔忙的人、活干个没完的人、穷于应付的人，那根线并不那么容易重新接上。当会议一个接着一个，不断要做出决定，天天要出差时，想知道自己几小时前做了什么，就会非常困难。重要的不是失忆或记忆，而是犹豫。好好体验这一时刻。几秒钟，几分钟。暂停一下，迟疑一刻，忘记了在自己的生活中，刚才做了什么事情。你清楚地知道自己的身体在什么地方，相信只要想起来，答案自会来临。然而，事情保持原状，持续不变，没有连贯起来，你仍脱离自身，远离自己的时间。你知道那确实是你，你经历过这一时刻，说过这个句子，就是这样醒来的。然而，至少有那么一刻，你什么都没有想起来，你仍处于那一刻的边缘。往事有些空白，这让你感到很担心。因为时间会继续下去，这显然是不容置疑的。

9
给自己找点短痛

时间：几秒钟
材料：无需
作用：回到现实

你感到很厌烦。演出没完没了，或者上课没有意思，又或者你在等待一个电话，但电话一直没来。又或者你不知道干什么好，犹豫不决。世界像是在雾中飘动，你觉得自己也变得可疑了，好像构成你的物质开始失去轮廓，暗暗地扩散到四周。你甚至可能变得越来越像空气，轻盈、朦胧，忘了自己究竟为何物，不知道自己身在何处。烦恼开始吞噬你。

狠狠地捏自己一把，在比较敏感的地方，比如，手臂内侧、脖子、腹股沟。造成的痛苦必须十分短暂，但要强烈。痛得要让人叫出声来，你可要忍住。为了防止自我保护，动作要快。别给自己等待痛苦或准备痛苦的时间。要突然。试着对自己进行突然袭击。尽量让自己分身，不要看见自己来临。疼痛应该像是偶然袭击你的，是一场意外，一场突然的相遇。它应该猛地扑向你，瞬间使你麻木。

如果足够猛，效果会很明显：你会回到现实，意识到自己的身躯，知道自己在什么地方。雾气的效果消失了，你摆脱了烦恼，回到了人间。

现在只剩下一个问题，你可能会百思不解：为什么疼痛会让人重新回到现实？仅仅是因为提醒？强烈的对比？或者，几千年来，我们形成的是这样一种生活方式：疼痛好像成了人类存在的第一个迹象？

好烦人的问题。

10
感觉自己永恒

时间：不限
材料：无需
作用：令人平静

　　我们的永恒不是一种愿望，而是事实。总之，把它当作是可以察觉的现实一样来考察它，而不能用理智来揭示。我们不能用一系列漫长的抽象推理来得出结论，要感到自己永恒，必须亲身体验。这似乎有点荒诞，尽管如此，还是试试吧！

　　想象自己将作一场旅行，前去感觉永恒，就像走向自己身体内部。皮肤在时间当中，它是环形的外圈；心也在时间当中，怦怦直跳，肺和胃也同样，服从于各自的节奏。没有时间的空间就在下面，更里头的地方。在那个纯粹的空间里，目光所及之处，你可以看见时间这层薄膜正在剥离。你将看到它摆脱你、摆脱事物，就像一个蛋，不断地滚向远方。

如果到了那一步，你将看到自己的思想接连不断，不停步，也没有留下痕迹；你将看到所有的东西现在都在动，在一个膨胀的、扩大的、辽阔得像宇宙那么大的"现在"当中运动。

你要体验的是从体内感觉到时间的表面特征。你首先应该感觉到一种无可置疑的恍惚，然后，像是一种越来越熟悉的明显事实，你身上最基本的细胞核和一连串时间顺序没有任何关系。你凝视着它们，伴随着它们，但并没有被包括其中。总之，你应该让自己相信这是真的。

问题不是知道事实是否真的如此。重要的是你确实感觉到这是真的，哪怕只有一瞬。至于我们是否如浮游生物一般，这不重要。假如在这不断的洪流中，在时间无尽而持续的流动中，我们至少有一次完全相信自己是永恒的，那我们就摆脱了时间。这样的幻想也就值得了。

　　关于这种体验，没有更多可说的了，真正
的难点在于理解它。所以要坚持，直到豁然开
朗。

11
随意打电话

时间：20至30分钟
材料：一部电话
作用：变得更人道

　　拿起电话筒，开始拨号。随便什么号码，不要刻意去想，也不要去查。随手按下数字键，看看会发生什么事。在大部分情况下，这种体验起初会让人失望。占线，说拨错号了，没人接，空号。进了死胡同。除非你运气很好，前几次尝试都有所收获。胡乱打电话是行不通的，必须有所准备，减少偶然的成分。

　　首先要定下来自己将拨多少个数字，根据你所在国家的不同而不同，必要时在前面加上区号。你当然可以换着玩，或只打国内电话，或随意扩展到世界上的其他地区（根据你自己的爱好、你的语言能力和你的经济能力）。

　　当然，这并不是玩笑。这种游戏与世界各国青少年用电话开玩笑不同。而且，这也是你要让接电话的人明白的第一件事。"我是随意打电话给您的。您能告诉我您是谁吗？"第一句话可以这么说。如果你能做到，就应该跟对方说清楚，这不是玩笑。

　　接下来的事，就难以预料了。对方挂了你的电话，或者是曼彻斯特某金属企业的接线生神奇地跟你聊了一通；对方骂了你一顿，或者半匿名跟你建立起一种奇特的关系，而一秒钟之前你们还是陌生人。

　　体验的目的不是结交新朋友，也不是足不出户地诱惑异性，没有什么可谴责的。目的是体验一下人类世界是如此之"厚"，既近在咫尺，又远在天边。随意打电话应该是在这种厚实中进行小小历险的出发点。微型的惊险奇特旅行，暂时离乡背井，坚固的日常生活中突然裂开的一条缝、一个奇特的小缺口。只要挂上电话就可以回到自己家中。不过，不要立即"挂断"。因为，空气中总是残留着一些气息，或者是你身上的一些什么东西仍在什么地方赖着不走，你不知道是在哪里。

12
旅行后找到自己的房间

时间：10至20分钟
材料：回到自己家中
作用：休息

　　必须是从远方回来，或者已经外出很久。熟悉的东西你已经不习惯。你一定是在不同的床上睡过觉，习惯了别的食物，经历了不同的气候、节奏和环境。你听到了别的语言，做了不同往常的事情。你的身体和心灵适应了许多新东西。现在，你离家门不太远了，我们要探索的就是这一时刻。几分钟前，方位标就已重起作用。你好奇地看着四周的小路或马路以及临近的房子。你曾清楚地知道它们的样子，现在却完全不同了。要说出是什么变了，那可不容易。显然，一切都原封不动，但某些东西悄悄变了，不仅仅是你。在事物本身，或者是事物与你之间，似乎有什么东西脱节了。

你打开家门，径直走进自己的房间，躺在床上，仔细察看四周。先得弄清房间的大小，匡算距离，重新调整色彩。这些词都不准确。进程很快，微妙得无法用语言来形容。你对这个空间、它的布局和颜色熟记于心，但最近没有感受过它们，你一定去感受其他东西了。重新找到这种感觉，让你觉得既熟悉又陌生。

要注意你可能已经忘了的东西。一些很小的细节：墙上的一个斑点，地毯上的一个褶皱，地板上的一个小洞，诸如此类的东西。这些你其实都知道，但先前忘了，它们藏起来了，这会儿的出现没有让你惊讶，但让你感到有点突然。在旧痕迹和你不在的时光之间所进行的各种调整，产生了这种不稳定的平衡。试着去感受一下。那些旧痕迹，你毫不费力地很快就能重新适应。飘忽不定的时间过得很快，你马上就能把各种碎片粘连起来，讲述你过去的旅行故事。

在顺利地重新开始工作和生活之前，问问

自己，房间是如何等你的，它是怎么保持原样的。很难理解某种现实在你缺席的时候仍原封不动。而你自己又做了些什么，才让这个房间跟过去一样？你是否还隐约记得它？是否支持它、滋养它、激励它、挽留它？当你不在的时候，这个房间没有倒塌，化为乌有，最后安然无恙，依然如故。这要归功于你，归功于它自己，还是归功于谁或什么别的东西？

当然，有人会耸耸肩，觉得这类问题愚不可及。事情保持原样，无需为此而做什么。我们重新找到了它们。一个点，仅此而已。

其实并没有那么肯定。

13
边喝边尿

时间：1至2分钟
材料：厕所和水杯
作用：通畅

几千年来，大部分人一生都没有体验过以下的事情，尽管这种体验很简单，且非常有趣。

像所有的人一样，你会撒尿，然后喝水，却不知道同时喝水和撒尿会有什么感觉。我们的这一体验能让你获得这种感觉。

好了，老老实实地准备一大杯水，当你撒尿的时候，你就开始喝。尽量连续喝，一口气喝下去，不要停顿。你很快就会产生十分粗鄙的感觉。从嘴里喝进去的水，从下体排出来的水，几乎马上又连续不断地得到补充。你会立即想象，尤其是感觉到在这之前你压根都没想到的身体组织。你喝下去的水好像直接从膀胱里流出来了。你会在几秒钟内发现，从喉咙到尿道是直通的，从胃到膀胱是直流的。你以一种直接的、不容争辩的方式体验了一种不可思议的生理现象。

你在几秒钟内给自己创造了一具荒诞而简单的躯体，却明显感觉到它真实得不容置辩。没有内脏，没有肾，不用等待，不用过滤和透析。水在你的体内垂直流下，你被一道新鲜的液体贯穿，从内部清洗，以奇特的、可感知的方式清洁。你的脏器似乎从内部张开了，水在身体内外灵活地流动，像是世上的一条河流，又像是某种自我洗涤。随你怎么说。

这种体验可以不断重来，不花一分钱，永远会有新的发现或奇特的意外，而这并非温泉疗法。

14
双手之间制造一堵墙

时间：10分钟左右
材料：无需
作用：一分为二

掌心对着掌心，手指对着手指，举到眼前。分开掌心，但指尖保持接触。断断续续地让掌心靠近，但不要接触。双手按压，顶住，越来越用力地压迫手指肚儿，直到最后一节指骨的内部。

双手必须交替地张开、合上，好像你在试图推开一堵墙，顶着平坦而静止的墙面的压力。要最大限度地活动你的关节，感受手掌当中肌肉的张力和韧带的伸张。就这样的挤压与弯曲，重复十多遍，你将发现这种情形非常矛盾。

你是同时受压和抵抗的人。由于两只手一

边一只，你会感觉到一种不同寻常的困难，不知道自己是在哪边。你是他人，他人就是你。如果体验持续下去，你将感到更困惑。因为你不再知道哪一边是有生命的，哪一边是没有生命的。对于每只手来说，对其动作的抵抗构成了外部，让人感到就像一堵墙。你会感觉到每一边都有活跃的力量，而不是一个平坦的表面。皮肤和手指肚儿，你能感觉到，但墙好像并不存在。这堵假设的墙，虽然是虚拟的，却可以感觉得到，只是你不知道它在哪儿。

由于你的双手处于你的眼皮底下，所以事情显得非常复杂：你看到的与你感觉到的不相吻合。眼前的景象是正常的、统一的：两只对称的手；感觉却是不正常的、分裂的：每只手对另一只手来说好像都没有生命。在与自己短兵相接的过程中，在手与手的闭合回路中，你体验了一次"我是他人"的感觉。

15
在黑暗中行走

时间：几秒钟
材料：一间黑屋
作用：让人无家可归的
感觉

突然一片漆黑。停电了，猛地醒来，小心不要吵醒睡着的人……理由不重要。你行走在黑暗中。最好事先没有思想准备，不要在光亮的时候给自己定位、规划路线、弄明障碍、弄清距离。你得光凭自己的记忆，在完全黑暗之中，穿过一个非常熟悉的房间，自己的卧室，或是客厅。你必须体验的，是一切都变得不确定了。你摸索着，这表明你在这个走过几千遍的熟悉的空间里摸不着头脑了。从床头到门口有多少步？中间没有东西吗？椅子的扶手在哪里？床角呢？这些原本熟悉的地方现在充满了问号。

最简单的动作都可能引发危险，于是你突然面临一大堆令人困惑的东西。更糟的是，你都忘了准确地计数了。在明亮中你觉得自己十分清楚的东西，现在变得似是而非了。一切都很不确定。你伸出双手，以为会碰到什么东西，碰到墙，摸到门框……但什么都没有碰到。你继续在空荡中摸索。从第二秒开始，你就产生了因不知情而出现的迟钝，而你并没有马上就意识到。黑暗让你变得愚蠢了，蒙蔽了你的大脑，弄乱了你的头绪。你突然撞到了五斗橱的角上。你没想到它会在那儿。这么说，你完全弄错了。你并不在你以为自己所在的地方。家具突然从黑暗中冒了出来，你狠狠地撞了上去，大腿上方撞到了尖角，那是最怕疼的地方。

由于缺乏光亮，你的计算全乱了。身体的轮廓消失了，身体好像也隐没了，朦朦胧胧，再也不能动了，除非轻轻地颤抖一下，或者是肌肉跳动几下。其实你并没有缺少什么东西，所有熟悉的东西仍在原地，整整齐齐。无论是物品还是它们互相之间的关系，什么都没有变化。但它们让你感到不可理喻了，有距离了，似乎还有点咄咄逼人。

大家都认为，黑暗中的世界与明亮中的世界是"相同的"。可你已经体验到，它们在可见和不可见的情况下是完全不一样的。我们所谓的"世界""现实"和"正常生活"由一层薄薄的东西包着，很容易受到破坏。

16
想想世界各地

时间：20至30分钟
材料：无需
作用：开心

你待在这里感到厌倦了。这地方范围有限，生活单调，缺乏惊喜，甚至引不起人们的任何兴趣。它一成不变，老是同一个样子，与世隔绝，你在这里受够了。解决的办法其实并不太难：同时想想世界上数不胜数的地方，不管是远的还是近的。

著名的地点：威尼斯的圣马可广场、耶路撒冷的城墙、通往纽约第五大道的中央公园大门、亚穆苏克罗①的哥特式教堂、埃及的金字塔、哥本哈根的小美人鱼、布宜诺斯艾利斯

---

① 科特迪瓦的首都，位于阿比让北方约240公里处。

的五月广场、巴黎的香榭丽舍大街、北京的故宫、洛杉矶的比华利山庄、莫斯科的红场、雅典的帕特农神庙、伦敦的特拉法尔加广场、德里的红堡①、伊斯坦布尔的托普卡帕宫②……清单可以不断地开列下去，有关运动、广场、建筑、咖啡馆、雕像、各种胜地的清单。

这还不算。再想想无数不起眼的地方，直至头昏脑涨。无名之地，不吸引人的地方：后院、小广场、死胡同、小街巷、小径小道。甚至是很小的角落：仓库、谷仓、阁楼、储藏室、地窖、壁橱、车库。不管是赤道附近的潮湿、沙漠中的干旱还是多雾地区的湿冷，也不管长的是棕榈树还是桦树，抑或老杉树，是白沙还是红岩，是污泥还是一望无际的白雪，或者深蓝色海洋上洁白的浪花。

你可以这样不断地开列下去，直到列得

① 位于印度德里老城内，用红砂石建造的莫卧儿王朝皇宫红堡。
② 位于土耳其伊斯坦布尔的一座皇宫，奥斯曼帝国苏丹在城内的官邸及主要居所。

心醉神迷，看看眼下大家都在世界各地做些什么：做爱、取乐、喊叫、哭泣、饮食、死亡、睡觉、流汗、画画、寻欢、惊讶、妒忌、旅行、烹调、看书、回家、唱歌……

你可以在这些丰富多彩的地方畅游，让它们把你带走。你现在所在的地方不仅仅是无数地方当中的一个，也包含着所有别的地方。一切全都在你的脑海里。永远可供支配，受你和所有的人支配。

17
在脑海里削苹果

时间：20至30分钟
材料：无需
作用：集中精力

我们一般都认为自己能足够准确地回想日常现实。周围的物品、熟悉的地方、食物、重复完成的动作等等，似乎都能浮现在自己的脑海中。我们觉得自己能打开意识的屏幕（如果能这样说），让这些熟悉的景象清晰地出现在上面。也许，要想象声音，甚至是味道，就要困难一些了，而在脑海中想象触摸（抚摸、轻掠、吻）可能更难。

尽管如此，我们还是以为能在脑海中相当容易、相当有效地复制现实。这种想法可能在很大程度上是一种妄想。

要感觉到这种通常认识不到的困难，只

需做个实验，比如试着在脑海里削苹果。做法似乎很简单。想象有一个苹果，一把小刀，把苹果切开、削皮，这就行了。可是，要让那个情景与现实建立联系，首先必须选择某个种类的苹果，准确地想象它的大小、颜色，尤其是苹果的籽。你必须在脑子里有这么一个种类的苹果，而且在这种苹果当中有一个与众不同，它的颜色有微妙的变化，有些部分可能与别的苹果有区别，颜色更深或者更浅，或者是杂色的，有小小的斑点和细细的皱痕，这些都要尽可能让人清楚地觉察到。再想象一下刀子：刀把是木头的、塑料的，还是金属的？刀锋有缺口还是光滑的？钝还是锋利？那是一把菜刀，一把餐刀，一把乡下的木柄折叠刀，还是漂亮质朴的拉吉奥尔①刀？

　　还有，你是怎么削的？连着削，平稳地转动苹果，保持节奏，还是先把它切成几块，然后一一削皮？每次你都得像外科医生那样准

────────

① 法国奥布拉克地区的村镇，以生产小型刀著名。

确和摄影师那样精确地回忆这些动作。我们所要达到的目的是让削皮这一幕像一部精确的电影，一帧一帧，一个画面一个画面，一秒钟一秒钟地在你的脑海中经过，连贯、不跳跃、没有错误、不模糊、不迟疑，尤其不要出现空白，不能重放。你无权把任意两组镜头衔接起来。

你做不到的，除非训练有素、胸有成竹。你很有可能乱了套：苹果变了颜色或形状，特征失去了，苹果皮掉下来的样子不正常，刀子斜了，动作不连贯，图像断裂了，很难连接，否则会互相碰撞。如果重复这种练习，你会发现，效果改善了，可能获得了进步，虽然有时很慢，或相对有些艰难。不管怎么说，这是练习集中精力的一种好办法。但这种体验首先会让你意识到，我们的思想是多么不忠于现实，很难正确地保留或复制它，想象它的时候太自以为是。

18
想象器官堆积

时间：30至40分钟
材料：解剖图（任意）
作用：变得冷血

　　基本原则很简单。人体上一只会动的手，这没有什么可担忧的，甚至都不必在意。或者，假如它有什么特征引起你的注意（手很精巧、细小，或者相反，粗壮、宽大、很短），那是因为它不同一般，很生动，能直接传递思想。反之，一只没有生命的手，脱离了身躯，孤孤零零，一下子就会让你惊讶得停下来。如果这不是一只真手，而是一个石膏模型（伏尔泰的手、肖邦的手，等等），结果可能会惊人。所以，库叶岛上的人会砍下同伴的一只手，扔在离港的货物当中，让世人知道他们的存在。

如果一大沓手（想象一下石膏、纸板或木头做的手）像一堆物质，层层重叠，效果又不同了，甚至会更糟。如果人体的某个部位，一大堆全都一样的部位，被乱七八糟地叠起来，就像没有用处的东西、说不出名字的边角料，我们会产生十分不舒服的异样感觉。这跟卖肉师傅案板上的猪肉没有关系。你可能会感到恶心，突然厌烦起来，走出大市场或大菜场。但如果一堆死肉单调地陈列在那里，你会觉得是正常的。你知道这很常见。

当你想象一堆手、一堆胳膊或一堆脚，你会不知所措。因为每只手或每只脚都会让人想起一具身体，让人想把它接到某个肢体上，使它回到原位；也因为这手或脚让身体变得残缺瘫痪了。这就让器官不但令人感到极大的孤独，而且产生了另一种恐怖：怕在这一大堆相似的抛弃物中被抓住。谁也拿这种相似性没办法。不过，如果那是一些相同的螺母，或者是别的任何没有生命的东西被这样放在一起，我们是可以理解的。可人类的器官被这样堆积在一起，我们就难以理解了。

如果不能真实地看到这样的场景，你可以进行幻想。想象在这里，就在你对面，堆着一些大腿，有百来只，全都是单独的，肤色各异，年龄不同，有的饱满、肥胖，有的起了皱纹，上面有大大小小的静脉曲张，有毛或刮了毛，有苍白的，有发红的，有泛蓝的，有充血的，几乎朝哪个方向的都有。你能看见，分开或交叠的脚趾头，脱了的指甲，脚腕上的血脉，突出或凹陷的膝盖。

你可以重复这种体验，只想象手指、肩膀和乳房，也可以设法用心、肺和肝来继续。但如果你想象脑袋、破相的脸、紧闭或张开的眼睛、发紫的嘴唇、大部分都粘连在一起的头发，尽管它们更恶心，结果却没那么让人害怕。你甚至可以想象一个世界，人类不是正常地活着，而是被切成碎块，一堆堆地在路口放着，成堆器官堆在路边，标志着新秩序的胜利。

19
相信自己在海拔高处

时间：15至20分钟
材料：封闭的房间
作用：登高的感觉

你可以在任何地方，只要海拔低。可以是海平面，或者略高于海平面。我们要体验的是让你周围的东西都上升到一个很高的高度，比如说4000米。完全是自我暗示。你周围可见的一切其实都没有根本的改变。必须选择一个封闭的房间，最好没有窗，总之，要看不到外面。

你只需慢慢地钻进越来越暗、越来越弱的光线当中。你的呼吸会变得更深、更快：氧气变得稀薄了。如果可能，你会感到鼻孔里有点痒，太阳穴不时胀痛，你还可能会有短时间的晕眩，感觉头脑里朦朦胧胧的，并且在心脏附近会有一点压迫感。这些状况似乎持续不断，如果你动弹，感觉会更强烈。你会发现你的行动明显慢了，动作没那么有力了，思维也没那么连贯了。

　　有可能你不会一开始就产生这些感觉。请不要犹豫，重新开始吧！重复多次，效果会明显改善。训练够了之后，便可期望产生登高的感觉，几乎马到成功。

　　接下来便要知道原因了。这样做产生的感觉是相对不舒服的，似乎没有任何好处。初看起来，"高度"的改变并不会让你看到什么新鲜的东西，也发现不了被显而易见的表面现象掩盖的现实。那为什么还要做呢？为什么要幻想，给自己那么多痛苦，让自己相信那么多虚假的东西？因为你至少会对事物的客观性产生一些疑惑，尤其会相信：用身体来梦想世界是可能的，至少是一会儿。总之，这是一个不小的发现。

20
想象自己即将死去

时间：5至10分钟
材料：无需
作用：轻松

我们随时都有可能突然消失。想象一下，坐飞机可能会死，开车跑长途可能会死，火车开动时兴许会被摔死。已经有很多这样的例子。你也有可能被公共汽车、卡车、小汽车甚至摩托车撞死。让人意想不到的事情处处等着你，时刻候着你。你一旦开始冷静地思考这个问题，就没有理由不怀疑死神随时都在身边。你之所以不愿做这种假设，不仅仅是因为它让人不愉快，主要还是因为你觉得这种可能性太小了。说得对。你一小时后（甚至明天）还活着的可能性很大，为什么还要为这种不可能的"也许"担心呢？

让人烦恼的是，你终将死亡，这一点确信无疑。当然，不是明天，也不是下一个小时，但死亡是不可避免的、绝对的、肯定的，不会错，没有例外。所以你得想象一下自己是怎么消失的，思考这种必然性。好好想象一下自己临终时的情形，自己的尸体、下葬、身体腐烂；想象一下自己的尸骨，想象一下坟墓和肮脏的液体。你将永远告别温暖的风、潮湿的空气、光亮、色彩和香味，永远失去要让人抚摸、让人啮咬的肉体。

这种想法可能会让你伤感，但这种难受的事情是荒诞的，而且也没有具体的对象。这样一想，你可能会感到松了一口气。如此病态地想来想去，你会觉得自己既死又生。你死了，否则不会被埋葬，也不会正在腐烂；但与此同时，你又一直活着，还有感觉，会激动。问题就出在这里。这种想象存在于你现在的头脑中，在你活着的身躯里。当你死了，它们也不复存在。

死了就无法想象了，想象永远是生者的

权利，你所有的想象都是从"生"这一点出发的。即使很阴森，很恐怖，很可怕，布满了蛛网，满眼都是埋在地下的棺材，但确切地说，它跟死亡没有任何关系。毫无关联！世界上只有一个宇宙，一切尽在其中。你是在它里面想象它外面的事情，但其实反映的根本不是外面的事。你放心了？显然没有，但隐约看见了生命与哲学之间的区别。前者慌乱了，惊恐了，不耐烦了，激动了；后者相信，如果能正确对待死亡，这一切都可以得到妥善的解决。这就错了，至少是接近错误了。

21
试着衡量生命

时间：一辈子
材料：尺、秤、血压表、
粒子加速器等
作用：徒劳

以前，世界上的长度计量单位非常不同，重量单位在每个地区都不一样。计量单位的差别如此之大，以至于人们永远也无法准确地知道一个面包有多重，一扇门有多大。日常生活中的东西也差不多，难以准确计量。原则上，人们已对世界进行量化，尽管如此，还是有很多不确定、模糊的地方。

我们已经做了一些改善。制定了标准，统一了度量衡，不断地丈量我们四周的东西。做蛋糕时，材料称得准准的。装潢房间、修理发动机、做微缩模型、整理菜园时，我们总是要丈量和计算，觉得这要比自己的估计更可信（这是对的）。凡外出旅行必带地图、测量图、飞行图、六分仪、指南针、速度表、高度表、卫星中继器、雷达、全球定位系统和未来的先进仪器。你给孩子量身高、称重量、做分析，自己也经常去做各种跟数据有关的事情：血样分析、尿检、大便检查、精液检查、提取细胞组织和皮肤组织、透视、活组织检查和内窥镜检查，从各个角度去评估、称重和化验。确定你所呼吸的空气里二氧化碳的比例，你的尿液里面蛋白质或钾的含量，你血管里脂肪与糖分的含量。大家和你一样，都关心你的体重、动脉的血压或葡萄糖值的高低。

　　所有这些检测都是有用的，但你也得通过想象，体验一下它们次要的和虚幻的特征。比如说，问问自己，人生如何测量？使用什么工具？采用什么单位？根据什么规则？以什么为参照？你会说，人生也完全可以测量：用步行了多少米、开车走了多少公里，用年，用天，用小时，用秒，用心跳，用流了多少升汗水、

尿、血，用吃了多少公斤肉或土豆、喝了多少
升酒，用发黑的纸，用失去的时间，用献出的
爱和获得的爱。

可怎么测量呢？

数字充斥世界，在现实生活中无处不在。
生命也许可以用一系列方程式，用一张由面
积、体积和力度编织的密密麻麻的网来描述，
然而，这依然不能测量人生。

22
一直数到千位

时间：15至20分钟
材料：无需
作用：批判

　　表面上看起来好像平淡无奇。一直数到千位，要花一定的时间（15分钟左右，即900秒左右），而且比较枯燥。似乎一切都在预料之中，规律得很。你在等待一个机械而乏味的练习。

　　其实并非如此。你无法避免大起大落的变化，有些时刻很轻松，下山，直线，缓坡，就像旧省道，两边种着柳树或粗大的梧桐树，然后是高坡，要爬山，坡道转弯，尤其是接近500米高的山脉时。你以为这个练习只涉及数字，结果却成了童年回忆之旅，小学课堂，墨水、罩衫、风雨操场、书包里黑板擦的故事。

你一会儿搭观光火车来到俄罗斯山区，一会儿
又想起操行零分的事儿，于是便乱数一气。

这应该像是例行公事，一件机械的事，最
后却成了一次难以控制的历险。难道我没有弄错
过十几件这样的事？难道我没有忘记过一个数
字单位？百来个数字单位？想着其他事情的时
候，我难道没有数错？从一数到千，这过程充满
车辙和陷阱，并非一路顺畅、如沐春风、轻而
易举。你随时都有可能永远深陷路上，不知所
措，结结巴巴，一切从头开始。没有尽头？

不，我们到了。你学会了什么？只学会了
一件事情：一千就已经是个大数目。你可以数
到千，但需要时间，足足一刻钟，有好有坏。
这个数，你不可能把它完全拥抱，一眼就看
穿。你数完之后，想想一千年或一千个人，觉
得真是一个大数目。你要知道，一千的千倍完
全超乎你的想象力，更不必说十亿（一千的千
倍之千倍）了，它只与你的理智有关，与感觉
无缘。所以你都不知道究竟有多少。那就想想
现在的人类吧，只一会儿。

23
担心公共汽车到站

时间：5至10分钟
材料：某路公共汽车
作用：如释重负

　　等待，具有双重性。这是平静地凝望的机会：要让盼望已久的时刻到来，没别的办法，只有耐心等待。这种被动状态也许是快乐的源泉。不管怎么说，时间在流逝，这是肯定的，让人感到有些安慰。但等待也可能是可怕的：即将发生的事情永远无法完全控制，不能百分之百地预料。体验一下这种没有明确对象的恐惧，扩大它，放大它，就像用放大镜看东西一样，增加它的强度和时间长度。

　　请到一个公共汽车站去。在汽车到来之前，你往往会犹豫一段时间，不知道究竟要等多长时间。公共汽车遇到了交通堵塞，车坏了，或者一场突如其来的游行让它长时间动弹不了。你要迟到了，得另找交通工具。打电话通知有关人员，给出解释，甚至修改你的时间表。由于接连迟到，这一整天可能都会受到影响。你发现一切都乱套了。

从这小小的担心和常见的不安出发，进行转换和渲染。对自己说，公共汽车也许被恐怖分子控制了，里面装满炸药，很快就要刹不住了。它会引发一系列无法阻止的灾难：也许会带来新的病毒，致命的生化武器。司机是个恐怖分子，乘客全是他的同谋，在前一个站上车的人全都大叫着丧命了。

继续夸大和夸张下去。这太怪异了，你不相信，一笑了之，相信很快就会正常地来一辆公共汽车，毫无意外。你是否这样想，问题不大，重要的是你体验到了一场虚惊，尽管很小，并产生了一点怀疑。一提到那些荒诞的假设，就让人心有余悸。某些可怕的事件阴影尚存，就像一条小小的裂痕，在事情的正常环节中产生裂缝或断裂。

公共汽车到了，你上了车。一切似乎都很正常。啊，松了一口气！

你真这么肯定吗？

24
在墓地中奔跑

时间：1小时
材料：跑鞋、大墓地
作用：虔诚

墓地：平静、平和的地方。围墙之内适合沉思及各种幻想。那里面有花，但没有人，这是好上加好。只有几个哭坟者和几个园丁，全都是带有任务的人。很少散步者、爱好者、喜欢坟墓及刻在墓碑上的名字的人。

想在这样一个地方长时间跑步，不引人侧目才怪呢！不得体的惹是生非，愚蠢的玩笑。也许还是轻罪，虽然小，没有名目，但可能遭到谴责、被告和罚款，要给国库寄支票；或者是一种冒犯——不顾家人的痛苦，不尊重死者。当然，这些都没有明文规定，但大家一致认可。还有一种想法，可能无法接受，被认为动机很深奥且难以说明：世界的秩序，生者与死者之间角色的分配。对于一动不动地卧躺在那里的人，生者应该保持安静。生者能动，而死者不能动。最好不要加大这种对比。在已经去世、既不会动也不会说话的人安眠的地方，别大喊大叫，跑来跑去。在坟墓之间奔跑的人将面临内心的惩罚。

不要引起别人的注意。绕过障碍，克服困难。慢慢地变得有点意思了，像往常一样。首先解决实际问题：要有双好的鞋子（墓地里往往都是石子小路，高低不平），选择一个足够大的墓地。乡村墓地适合在家庭坟墓之间散步和闲逛，但很不适合跑步。

好了，现在你终于开始进行这一奇特的体验了。起初，你会感到有点尴尬，觉得这样做有些不礼貌、不恰当。这是正常的。你想起了躺在林中的尸骨，互相堆在一起，都萎缩了，潮湿、阴暗，几乎被人忘却。你觉得自己轻轻的脚步不恰当地碰到了它们，不能这样迅速地在归土了的人之间走动。

处在这种分裂当中，并且享受它，这也许是有用的。说到底，你是生者，可以跑，很高兴自己可以动，而他们却不能，这太不幸了！你感到很幸运，热血沸腾，心怦怦直跳。可他们对此一无所知，他们离开了时间和生命，你却脚踩大地，在温柔厚实的空气中活动。

只有经过这第一个阶段，体验才会变得有意思。你试着消除这种自己开心却对他们不敬的想法。慢慢地，你会感觉到，在你奔跑的时候，你其实并没有动。总之，运动和休息并没有分开。你大步地走，不断地走，大口呼吸，这都没用，一切都持久不变。这时，你至少能感觉到，这是动中的静，奔跑中的休息，冒犯中的尊敬。你并没有打扰死者。你在坟墓之间奔跑，不关心他们的名字，认为这是礼貌，这时，你是在爱他们。

25
像疯子一样取乐

时间：30至40分钟
材料：一个复杂的社会
作用：开心

过去，有些疯子过得很开心。他们是如何取乐的？他们无视一切，不理睬任何人，不管规则和习俗，大声说话，拼命狂笑，逃离固定场所，这就是他们的命运。他们可以推搡人群，推翻习惯，流浪，攻击，过河行路，无视礼仪与责任，推倒圣像，亵渎圣物，嘲笑宗教权威。

你也学着这样做。也许现在已看不到成群的疯子大叫大嚷地经过河流走过道路，如果你要这样远行，你很快就会被关起来。必须另找办法。那就试着当个批评家、作家、艺术家、电影编剧、音乐家、街头艺人，或类似这样的人，只要出格就行。尽你的努力去搅乱你的时代，但别梦想能影响历史，在你所到之处播撒一点小小的混乱吧！打乱计划，制造意外，破坏预料之中的事。在这个社会里想干什么就干什么，拒不服从一切。

但你显然必须服从命令和权力机构。面对某某权威，你必须俯首帖耳，出于谨慎，出于胆怯，或仅仅是想讨好。放心吧，这没什么关系。有时，从策略方面考虑，你可以弯下你的脊梁，假如你坚信在自己的内心，有些东西是坚决不会屈服的。

小心地、长时间地预留你的活动空间。要懂得不按常理出牌。像疯子下棋：不断地突然斜跨棋格。斜着走路，像螃蟹一样横行霸道。日久天长，你便驾轻就熟了。养成习惯，对所有问题，都去寻找最不靠谱、似乎最难让人接受的答案，还要不时地加以实践，看看会有什么结果。

要像疯子一样取乐，最漫长、最艰难的是要让自己相信，其实，世界上没有任何东西是严肃的。在不久的将来，你会觉得一切都变得很可笑：生存、死亡、人道、爱情、宇宙、蚂蚁、写作、金钱、职业、身体、思想、政治，等等。别忘了还有嘲笑本身，包括取乐和疯子。

26
偷看窗前的女人

时间：几秒钟
材料：看情况
作用：想入非非

她在发呆，或者是在洗碗。她看着马路，或者在抽烟。有时，她也在观察云彩，或者在晾晒床单。她或许20岁，或许60岁，或穷或富，或漂亮或丑陋。她在看你，你们的目光相遇了。或者相反，你只看见她的身影或是茫然的目光。你自己的角度也变化无穷，可以从高处看她，从楼上或同一层的窗口看她，或者从下方仰望她，只需从马路上走过。你清楚地看见了她的脸，或者仅是远远地看见了她的上身，因为她低着头，或是窗帘遮住了她的部分身影。你可以清楚地分辨出她的衣服，她丰满的胸脯、圆圆的肩膀、手臂上的肉；或者你只猜出一个模糊的身影，几乎就只是个影子，朦朦胧胧。

这没关系。

无论是哪种情况，你都会产生同样的激情。你凝视着一个陌生女人，她在自己家里，隐约可见，影影绰绰，遮遮掩掩，出现在窗前。当然，你对她一无所知，只是偶然瞥见。你们之间很有可能什么都没有发生。她将仅仅是一个梦，瞬间的一个幻想，没别的。

这一点你知道。

但这并不妨碍你幻想一番。她看见你了，跟你打招呼，你去见她。你们之间开始了一个神奇的故事，一段可怕而温柔、无法预料、意外的、情色的和甜蜜的感情。

这一点，她也知道，一开始就知道。正如人们知道，有些事情不可思议，无法理解，却突然决定了一切。

一个男人在写东西。对一个女读者来说，这种体验应该是可以接受的，或者说应该是可以再来的。在那个本子上，欲望与目光、性与描述互相交织。对这种消遣产生偏见是不可能的事。

　　走到马路尽头了，什么都没有发生。生活在继续。下次见！

27
给自己创造生命

时间：几个月
材料：无需
作用：让人困惑

我们都说，人只能活一辈子。有人却信誓旦旦地说，他已经活了好几辈子。这没关系，你自己可以增加生命的次数，感受生命的生生不息。为此，必须进行时间相对较长、过程比较复杂的体验，但结果会告诉你，你所花的时间是值得的。

在几个星期当中，不断地努力创造新生活。对你的新理发师说，你曾经在底特律开出租，后来在纽约送比萨饼；向一个远房表妹描述自己在澳大利亚教书多年；跟你的侄子们回忆回忆你并不知道的地方、你本该从事的职业（说到底，谁知道呢？）、大大小小的历险、猎鲨、雾气茫茫的码头。

认真地做，不要马马虎虎。多次重复同样的故事，美化逸事，增加细节，补充空白，删去可能让人怀疑的东西。继续对同样的人讲述同样的故事。小心不要弄岔了，必要时，做点笔记，做些卡片，找找资料。坚持不懈。

几个月后，你对这些可能的生活就已经烂熟于心了。你会回答许多问题，给出无数解释。你将描述、讲述、重复、接着讲你的各种身世，而且会培养一些听众，他们不但相信你讲述的故事是真实的，还会转述给别人听，并把你介绍给大家，你怎么编造的他们就怎么说。他们对此深信不疑。

你自己为什么不信呢？当你怀疑这一切都是假的，当你已经分不清虚构与真实的界限时，你就已经进入状态了；或者（其实是一回事），假如你没有受到外来压力，也不是突然心血来潮，心里这样想：以前你所谓的"真实的生活"，其实也是虚幻的。

恰到好处。

28
从汽车里面看行人

时间：10至40分钟
材料：汽车、司机、
　　　大城市
作用：当隐形人

要进行这种体验，就必须当乘客。如果你自己当司机，你肯定要专心开车，动作要到位，要保证安全，不可能东张西望；相反，如果是别人开车，你就可以放心地偷偷朝外面看一眼了。懒洋洋、若有所思、漫不经心。行动，却不必身动，或快或慢地在路上前行，你看着别人，别人却看不到你。坐在车中的乘客要偷窥，机会绝佳。

所以，你要坐在出租车或朋友的车子后排，什么车子不重要，看情况吧！然后行驶在人群中，最好是在大城市。就当你是坐在一张飞毯上，或是一个贴着地面行走的箱子里，你从那里看外面络绎不绝的行人，自己却不露面。你在人群中穿越，他们看不到你。你抓住了他们生活中的一个动作、一个问题、某种忧虑、某种烦躁、某种欲望、某种期待。他们的服装、步伐、屁股、肩膀、年龄、头发、疲劳，街上的商店在你眼前一一而过。突然，道路的尽头，一切都混淆在一起，发生了变化，只有匆匆的一瞥难以忘记，或一个女人完美的身体曲线，而你对她一无所知。短暂的、廉价的爱情，"永远的"爱情，统统转眼就被遗忘。

在你和这些活生生的身躯，这些充满悲剧、忧虑、有着无数计划的人之间，隔着一道车窗玻璃和不停的运动。你只是个匆匆过客，随时都可以打开车窗。可以在多个地方重复这种体验。尽可能多地变换国家和大陆。得到你想得到的结论。有许多。

29
跟踪蚂蚁的运动

时间：30分钟左右
材料：一群蚂蚁
作用：反省

这游戏大家都已经试过，但不妨再做。长时间注视一群蚂蚁，可以让人思考。仔细观察，它们永远都那么锲而不舍。好好研究，尽管你已经研究过一百次，看看它们是如何相遇、相随、排成整齐的队伍前行；注意它们行走的总路线和个体的小小变化，它们有时会短暂地后退。你要发现必不可少的英勇行为和大车运输似的搬运。

对这个问题重新进行很普通的思考，再说，大家都已经想过。问问自己这样一种生活怎么想得出来？反复思考生物群体和无语言社会。想到有可能存在一个没有人类的城市，你会有些困惑。面对这支由无数个体组成的队伍，还是退让吧！重读《微型巨人》①《昆虫记》②《布瓦尔和佩居谢》③。

总之，努力地把自己想象成蚂蚁。推着一块面包屑，从卵石上滚了下来，绕过破瓶子。你怎么知道自己去哪儿？怎么知道自己将完成什么任务？你饿吗？这是什么意思？你在想什么？这又是什么意思？当蚂蚁会有什么结果？

你知道这些问题是无解的。有些世界是重叠的、平行的、密封的、无法交流的。说我们这个世界是唯一的世界，这是滥用权利。蚂蚁的世界不是人类的地球，它没有被包括其中，甚至不在世上。你将得出结论说，许多世界同时出现在你眼前，但你并没有因此而对它们有

---

① 法国启蒙思想家、文学家、哲学家伏尔泰（1694—1778）所著的哲学故事，1752年出版。
② 法国著名昆虫学家、文学家，让-亨利·卡西米尔·法布尔（1823—1915）的作品。
③ 《布瓦尔和佩居谢》是19世纪法国小说家居斯塔夫·福楼拜（1821—1880）未完成的一部长篇小说。

什么了解。

　　总之，你将体验到，蚂蚁并不会给你带来新的主张，更不会带来有趣的思想。

30
吃一种无名物质

时间：几分钟
材料：某种可食用的
　　　无名物质
作用：让人不安

　　像以往一样，先从平常的东西开始，只是要改变关注方式和参与方式。现场挖掘。探索眼下没有太大意思的东西。就地发掘一个动作、一种感觉。往下走，越远越好。有时可能要放弃，没有找到任何有价值的东西，总是碰到死路、死胡同；有时却相反，在一条地下长廊转过一个弯，突然发现了一个深渊、一个酒窖、一个黑乎乎的巨大洞穴，在地下延伸。

　　例子：你很多次吃到一种你不知其名的食物，你也许根本就没在意。情况可能不同：在一个你不懂其习俗和语言的国家里，一种具有异国风情的特产，一道土菜，一场私宴，去参观一家很有异国情调的香料店。总之，你吃过你叫不出名字的东西，无法对朋友说："我吃过……或……"你不得不用婉转的语气，绕来绕去，用一连串对比和组合来描述它的颜色、质地、气味和味道："它跟……很像，可没那么……而且……有……的味道，但有……的味道和……的颜色。"

下次遇到这样的机会，在你品尝"那东西"的时候，请停下来。仔细观察会发生什么。味道好坏都没关系，当然，最好是你喜欢的，以便可以自问："当我不知其名的时候，我又少了些什么呢？味道挺好的，挺正常。这种食物的其他方面也挺好。"可就是因为你不知道它叫什么，你觉得这种食物有点不正常。只要你不知道它的名字，它就不正常、不适当、难以分类。

而一旦知道它叫什么，情况就不同了。你会继续喜欢它，或者将不会喜欢它。你会承认它跟以前一样，但你看问题的角度不同了。这东西将进入文字可控的基础知识系统，纳入名字所提供的参照体系。

知道了名字，味道就变了，这样说有些过分。但这肯定会影响我们对味道的态度和观察它的方式。对于我们不知其名的食物，我们吃的时候肯定疑问更多、更加当心、更加小心翼翼。相反，一旦知道它的名字，我们就吃名字、吞语言、消化文字了。

可是，反过来，我们又会怀疑我们是在不断地吃名字，而不是吃食物。我们的胃口既跟语言有关，也跟烹调有关。品尝食物的舌头并不仅仅在嘴中，也在词典当中①。

---

① 法语中的"舌头"和"语言"是同一个单词（la langue）。

31
观察阳光下的灰尘

时间：15至30分钟
材料：房间、阳光
作用：令人安慰

　　一个相当黑暗的房间，护窗板几乎是关着的，一道阳光透过半开半闭的百叶窗照进来。强烈的阳光，很锋利，早晨或傍晚的阳光，斜斜的。在穿透黑暗的光线中，可以看见无数闪烁的东西。那也许是人类所能见的最动人、最美妙的景象之一，数不清的微光跳跃着、转动着，来来往往，发出耀眼的光亮。一些微粒、杆状体、用显微镜才看得清的羽毛、微型片状物，轻飘飘的、轻盈的、舞动着的小东西绝妙地在光线中经过，或严肃，或喜悦，忙忙碌碌，旋转着，其路线难以跟踪，轨迹断断续续，纯粹的生命之光。

在这闪烁的奇迹当中，最让人欣喜的，是它的密度。把童年的回忆、昔日的游戏、乡村小屋、衣柜的味道（如果有）放在一边，只抓住这些惊人微粒。光与暗的界限突然如此生硬、分明、直接，让人觉得几乎可以碰到。聚集的粒子在这一界限的两边出现了又消失，我们可以在那里尽情幻想。

很少有这样的实验，简单却能让人对突然显现的无形世界产生如此强烈的感觉。在这道光线中，好像出现了一个别的空间，世界的另一面，反面的世界，别处的世界，插入了我们这个世界当中。它似乎被我们强行闯入，暴露无遗。假如尘埃永远不断地到处闪烁，这个世界将变成什么样子？是不是也有个虽然看不见但时时处处存在的地方？一个可以触及的断面，镶嵌在我们所认识的这个空间中的另一个空间？

也许，我们只是不知道如何让百叶窗微微打开？

32
抗拒疲劳

时间：不定，数小时
材料：无需
作用：微妙

　　生命与疲劳难分难解。别想能百分之百地休息、放松、安静。生命永远要面对精力的消耗、内心的厌倦、真实或想象的疲劳。坚持是疲惫的原因，如果疲惫指的是努力的结果而不是因为压抑。很多人都能想象痛苦的疲劳和沉重的命运，它们能把人压垮和吞没。人们因厌烦而沉沦，因乏力而败退，沮丧，无法解脱。

　　而且，不必做什么，疲惫就会成为一个雾的海洋，让人完全消失；或成为一堆垃圾，一团真正的泥潭，让人有来无回。人太累可能会很快死去，缓慢而不断地消失。在乡下，人们早就知道：说某人"累"，意思是说他很快就要死了。

要与大衰亡和大失败的思想作斗争。首先应该消除"世上只有疲惫"这一想法。把各种疲惫区分开来，它们彼此之间没有任何关系。要区别对待，试着在陪伴的同时进行抵抗。因为战胜疲惫最有效的方式之一不是反抗，也不是集中全力来与之抗争，而是相反，应该伴随着它。不要正面抵抗它，而要学会在疲劳的河流上荡桨；不要把它当作障碍，而是看作前行的方式，是前进的车辆，是航行的工具。

努力从一种疲惫跳到另一种疲惫，并习惯让它们对立。找到最适合你的那种疲劳和你最应该提防的疲劳，看看它们有什么特点。这样，你就可以在炎热中行走，长时间不睡，持续不断地高强度工作，同时做很多事情。什么都做，时时刻刻都在做。

无论如何，总有一天会停下来。剩下的问题是，要知道最后这种思想让你心安还是不安。

33
吃得太多

时间：2至3小时
材料：大量食物
作用：飘忽不定

　　什么原因不重要。朋友间聚餐，社交应酬，家宴，突然饿得慌，经过法国某个讲究美食、富得流油的地方……有许多理由让你在我们这个富足的国家遇到这种常见的事：吃得太饱。其实你不是很舒服，比如，感到肚子胀，头脑昏沉，思想模糊，嘴里感到黏糊糊的。在你感觉到的各种不适中，还可以加上：头痛、心跳、盗汗、发热或怕冷、打嗝、腹胀气。

　　我们的体验是要抓住这个偶然的机会，把它变成是一场学习之旅。首先，排除试图解决问题的所有想法，对造成这种状况的人不要有任何怨恨。不要埋怨自己，也不要埋怨别人。

客观地看待问题：你吃多了，超出了身体所能忍受的程度，感到不舒服了。这是事实，就这样。从此刻起，听之任之吧！

接着，不要抵制，也不要去思考你经历的众多变化：麻痹、苏醒、昏沉、清醒、迷雾、灯光、沉重和相对的轻松。注意在你的内脏，在那团吃下去的食物和肉体恢复原来状态之间所进行的缓慢斗争。再次提醒：在忍受这种不适时，不要把它当作命中注定的痛苦，而是把它当作探索你和现实关系的出发点，哪怕这种探索具有乡土味。

比如，仔细研究什锦砂锅所造成的思想变化，普罗旺斯奶油烩鳕鱼给人的惊喜，用长柄平锅煎的新鲜肥鹅肝引起的轻度便秘。记下这些发现后，你就没必要去观察和比较每种菜的不同效果。你的任务更多在食物的迷宫里模糊地跟着航行。

在这种情况下，你肯定不会总是处于"同样"的状态。如果某些豆类食物让我们改变了世界，一点点脂肪就能把我们打败，那就问问我们自己，我们还能干什么？滔滔不绝地谈论自由意志、意识、人物、理智、道德法则和其他广泛而美好的话题？

别忘了，面对满桌的美食，头脑会没那么敏锐！

34
模仿动物

时间：10至20分钟
　　　　（需重复）
材料：无需
作用：变形

　　把门关上。进行这一体验时，你一定不能受到打扰。当你确认只有自己一人，且四周安静，便可开始模仿最适合你的动物了。比如，像狗一样呼吸，垂着舌头，每呼吸一口气都发出沙哑的喉咙声；大声地嗅地毯，老是跟家具的腿过不去，转几个圈，躺下来，一侧的脸靠地，轻轻地咬着自己的胳膊肘或前臂，等等；或者，根据自己的才能或爱好，学猫叫、母鸡叫、公羊叫、虎啸、马嘶、牛叫，并伴以相应的动作。

　　不要模仿！目的不是复制声音或动作表

演。你可能有模仿才能，但在这里没有任何用处，甚至可能会成为一个障碍。因为我们是想让你真正成为你所选择的动物。该怎么样就怎么样，不要太刻意，甚至根本不刻意。根据当时的需要，开始咆哮或呻吟。弄乱自己的呼吸，在地上爬行，在墙上或地上摩挲脑袋。流口水，舔自己，动作笨重或轻盈。必要的话，换一换牙齿、肌肉、味道。可以有爪子、喙、毛、角；摸索着在自己身上找到这些奇特的办法。必须重复体验，才能获得更大的进步。无法保证有什么结果，也没有什么需要弄懂的，一切都有待证明。

你很快就会发现，不管怎么样，某些办法可行，某些办法不可行。所以，模仿狼、狮子、大象、猎狗、羚羊、白熊相对容易。除了这些哺乳动物，还有一些动物是难以模仿的，除了你有特别的天赋。模仿蚂蚁、蝉、蚊子、蜘蛛等往往很难，模仿蛇、蚯蚓、无脊椎动物也很不容易。相对来说，各种鱼、鸟和软体动物对进化论爱好者来说不太好掌握，更不用说昆虫这个巨大的王国了，它的大门几乎是完全封闭的。

　　说到底，世界很小。

35
凝视死鸟

时间：10至15分钟
材料：一只死鸟，最好
　　　死了几天
作用：让人思考

在乡下几乎到处都是。尤其是在春天，或在盛夏。如果经常散步，肯定会碰到。从鸟窝里掉下来的一只雏鸟，或者是被猛禽攻击的小鸟，伤重而亡；又或者是被猎枪的铅弹击中的成年鸟，躲在一个僻静的角落等死。别管它死亡的原因。不要问它是怎么死的，又是为什么而死。停下来凝视它，而不要匆匆走过，让鸟儿在那儿独自死去。

仔细察看褪色的羽毛，它往往已布满灰尘，也许还有一点泥土；看着它发白或发灰也许茫然的眼睛，以及来来往往的蚂蚁或几只

虫；注意它的爪子，没有力气了，被抛弃了，
耷拉着；找找它的骨头，那么明显那么细。
千万别忘了它的沮丧与失望，一身污泥，一副
笨拙的样子，成了地上的一只死鸟，丢脸得
很，而它自己却浑然不知，它已深深地进入了
奇特的睡眠状态，逃脱了。

如果你眼睛睁得大大的，看得足够仔细，
兴许会觉得那场面太让人伤心。一个生命消失
了，一个躯体脱臼了，鸟一动不动地躺在地面
上。像是什么东西被打倒了，击败了。你看着
鸟儿，越看越清楚，越看越明显。

体验应该就从这里开始。

你知道那只鸟儿永远不会回来，它也什么
都感觉不到了。所以，既不会求救，也不会呻
吟；不会忧伤，也不会反驳。面对这个尸体，
你越看越应该知道，没有什么好后悔的。没有
过去，也没有将来，只有现在。你开始知道，
现在是完美的，因为过去了便不再重来。

一开始，这难以理解。也许，严格来说，
这确实不好理解，这是用来感觉的。总之，如

果你的眼睛睁得够大，你会发现，并没有别的世界，一切都在这里，在此时此地，而不在任何别的地方，不在以前。时空中的任何地方都一样，不会更好、更让人喜欢、无与伦比、值得留恋。唯有当下。

36
认出童年时期的一个玩具

时间：不可预料
材料：童年时期属于
　　你的一个玩具
作用：减速

　　腾空一个阁楼或地窖，走进曾经住过的一栋房子。先辈留下的、祖父母的、乡下叔叔的，或仅仅是过去留下的一个旧箱子，又或者是路边旧货摊偶然碰到的。总之，发现了已被遗忘的一个玩具。必须是已被遗忘，完全被遗忘，你丝毫想不起来。你对小时候十分熟悉的东西还有一点印象，有可能想起其中的一些，但不包括这个玩具，它已经从你的记忆中消失，你无法复活它，也不会去寻找它。

　　然而，它一出现，你就认出它来了。毫不犹豫，完完全全，所有细节都尽在眼前。这玩具你很熟悉，非常习惯，认得很清楚，难分难舍。那是你的玩具。你能认出它的每道光泽、每道抓痕、每个铅笔印。一条小小的缝隙，边上有个地方不平，缺了小小的一角，你显然熟悉得很，心里十分清楚，非常肯定，觉得自己一下子回到了这个玩具的世界，走进了它那个年代和那个奇特的空间。它的出现勾起了你的往事，但你并没有因此而离开现实。

这怎么可能？为什么这些多生动、明确的细节既不可企及又总是出现？消失但没有消逝，瞬间就能激活或者说复活。为什么？是否有一些世界包藏在现在这个世界中，只是我们不知道罢了？难道我们前进的时候，周围还储藏着一些生活和虚拟的存在？

37
静等

时间：10分钟至无数
　　　小时不等
材料：等待大厅或相
　　　似的地方
作用：让人放心

　　这是一种特殊的等待方式：你不能动，但对结果心中有数。尽管如此，却不知道将等待多长时间。候诊室、政府接待处、机场或车站都是比较合适的地方，尤其是在罢工的日子。你知道最后总会轮到你看病，你的材料会得到处理，飞机会起飞，火车不管怎么样总会到站。这跟不知结果且可能令人不安的等待很不一样。再说，你被迫消极等待，根本无法加快事情的进程。你直接面对漫长的时间及其不可阻挡的流逝，它或快或慢，有些令人讨厌。

许多人认为这种情形难以忍受，于是设法回避，不愿与时间直接交锋。他们或读杂志、读小说、读散文，或记笔记，查日历，整理文件夹，用手机打电话，用电脑工作或呆呆地望着行人。总之，他们不闲着，非要填满这送上门来的时间，强迫自己做事、想问题，想大小问题，或者是完成各种任务。

你必须试着反其道而行之。什么也不做，既不因此生气，也不因此而烦恼，让自己随着时间流动，心知它冷酷无情，自己会走，不管有没有你。你必须处于这种完全被动的状态，不忧不虑。一切自会来临，什么都不取决于你。你可以空虚、萎靡、静止、无动于衷、忧郁、茫然——无论如何，时间都会前行，等待的时刻终将结束。你会发现，其实，没必要去打发时间，时间自会不断消亡，永远如此。

38
试着什么都不想

时间：10分钟，然后是
　　　20分钟，接着是
　　　30分钟……
材料：无需
作用：无

　　这是一种挑战极限的体验。什么都不要想，一旦醒来，有了办法，目的就达不到了，或者时间很短。所以，只能做些尝试，不过时间可以延长。这多多少少能接近不可能的事，有时会擦肩而过，有时则只是远远瞥见。

　　为什么说什么都不想是不可能的？因为这样的体验将让我们脱离人间，让我们摆脱语言不停的嗡嗡。我们变迟钝了，成了纯粹的、短暂的生命，像动物一样，或者——最后其实都一样，成了神灵，跌到一个无底的深渊，静默无声。思想可能是两者之间临时应急的地方，既不完全是神圣的，也不仅仅是迟钝的，只是往来于永恒与短暂、寂静与言语、在场与空缺、生命与虚无等之间的一种方式。

总之，思想不会完全停下来，只会短暂地、有条件限制地中断。短时间停下来是可能的，值得体验。要做到这一点，必须慢慢来，一段一段来，一程一程来。首要条件是不要紧张，要放松。在这里，愿望不能直接实现，而要采取迂回的方式。这不是一个要实现的计划，最好不要想我们现在不在思想；最好知道自己终将失败，最后总能恢复自己的思想。失败是肯定的，所以说，一切进步都有其价值。

最有效的训练是让思绪飞扬。不要制止它（制止它是不可能的），也不要抓住它（抓住它是可能的）。把它的经过看作天上飘过的云，不可避免，遥不可及。像天空一样冷漠，心中明亮，顽强执着，不理会飞过的东西，待在一边，站在框架下面，睁开眼睛，看着前面，这就是你要做的一切。感觉尚存（色彩、光亮、呼吸、皮肤、肌肉和周围的声音），但不要让它们进入意识，更不要让它们进入思想和语言。最后，有几次可以零散地一直漫延到明亮的天空，阳光茫然、静止、无形。

这种短暂的成功会带来长期的结果，其影响远远超出眼前。哪怕只有一次，影响也会长存。

39
去理发

时间：1小时左右
材料：理发店
作用：换个发型

事情似乎很简单。你走进理发店，他们给你洗头，然后剪发——剪一点，剪很多，或一点都不剪。我们要体验的，首先是要让自己感到这种普通情况要比它表面看起来复杂得多。你可以这样想象：你的头发与身体的其他部位并没有截然的区别。要了解头发与身体的关系并不那么简单：头发有没有生命？它们毫无感觉还是另有神经？它们游离于你的身体之外，还是在体内，或是处于二者之间？

把它们剪了以后会怎么样？你的头发可能与你的思想直接相连。走出理发店的时候，你的思想可能也变了，灵魂好像也被理过了，让人认不出来了，没用了。你灵魂出窍，完全变成了他人，从内部瓦解了。

或者，理发改变了你的全部面貌。你的脑袋跟以前不一样了，一切好像都变了：鼻子的形状、眼睛的颜色、脸颊的大小。你的全身好像都减轻了，身体变得更大或者更小了，萎缩或者膨胀了。

或者，理发师是个天使，是上帝的使者，或类似的赎罪者。离开理发店的时候你变样了，身体享了天福，成了圣身，天籁和解脱后的轻松使它显得格外激动。

总之，不管失败还是得到拯救，你都将经历一个重要时刻。你将与自己的命运约会，这标志着一个前所未有的变化。可怕的手术，叫不出名字的炼金术，那场理发将让你感到惊讶，使你解体，成为内心灾难的受害者。

你现在就是这样想的。

体验的第二阶段是用防虱洗发液来清洗幻想。你清楚地知道，其实什么都没有发生，你不过是剪了头发。这应该是件好事，更符合你心目中的"美"。但这些小小的变化无足轻重，一点都不重要。

你可能徒劳地做了一个梦，但至少体验了一把幻想与现实之间的距离。现实总是平淡的、普通的、简单的，没有高潮低谷，从某种意义上来讲，它让人感到安慰。

40
闭着眼睛淋浴

时间：5至10分钟
材料：淋浴设施
作用：平和

你不知道水从何而来。你可以闭着眼睛想象是别的东西，而不是淋浴，比如说，是赤道附近的雨。你可能不是一人，有人在看着你。一个场景开始形成，也许很快成为一连串故事。

请闭上眼睛，情况并非如此。

只需感受一下温暖的水，水滴，水流，喷出来的水。只感觉这些，什么都没看见，什么都没听见，除了水声。努力保持一种感觉，只一种，排除其他感觉。不要图像，只觉得自己在温暖的水下面，最后就这样待着，站在水下面，脸伸向花洒。只让脸上的皮肤处于水下，像这样。没有什么话要说。保持感觉的迟钝，在水的重量下集中精神。只需要这种感觉，或差不多这种感觉。

待在那里，不要被水溶化了，不断地弄湿自己即可。避免一切类似祈祷、狂喜、游荡和胡思乱想。待在那里，弄湿皮肤，仅此而已。有时，要让自己忘掉一切是不容易的。思想会出现，主意会来临，某些挥之不去的问题会顽强地赖着不走，某些忧虑也同样。水哗哗地流着，冲淡了一切。淋浴还在继续。

别走出水柱那窄小的圈子。

41
在阳光下卧躺

时间：1小时左右
材料：浴巾、太阳
作用：反叛

首先，你只感觉到一丝麻木，一点迟钝；接着，胸脯在地面上越压越用力，呼吸缓慢，目光模糊，远处的叫喊声越来越弱。你只感觉到背部发热，就像盖着一层厚厚的被子，双腿发干。一丝轻风消除了炎热带来的不适，你感觉到温暖的阳光在保护你，浩荡无边。你赤裸着身子，疲倦，却丝毫不担心会着凉，浑身都沐浴在阳光的温柔中。你马上就会睡着。这样一想你就放心了。

好，睡着了。

不一会儿，你醒来了，感觉怪怪的，并非真的开心，不知道自己在哪里，为什么睡着了，怎样才能恢复正常。你感到皮肤滚烫滚烫的，有些担心，怕自己被晒伤，会得癌症，阴险的黑色素瘤，癌细胞到处转移。在等待咖啡的时候，你进入了一种十分糟糕的垂死状态。

不要被人牵着鼻子走。去他的药物！去他的专家！他们要你小心，吓唬你，教诲你。别理睬他们。不要这样一辈子待在一个装有空调的地窖里，只吃苦苣和蘑菇，只饮用清水，躲避外面的各种辐射。要知道，你肯定会死，迟早的事，只是死相好看还是难看的问题而已。在这之前，怎么开心怎么睡吧！

其他事情也用同样的方式处理。

42
去看马戏

时间：2至3小时
材料：杂技表演
作用：仁慈

　　要小心不喜欢看马戏的人。也许是因为他们太实用、太自信——无情无义。想明白这一点（尽管你对此兴趣不大），那就去体验一下。到圆形演出场坐一坐，最好选一个小马戏场，不要太豪华，甚至有点寒酸。别去麦迪逊广场花园①、巴纳姆马戏团和其他大杂技场，在那些地方，不大容易看到动人的马戏景象，也找不到交织着贫穷与梦想的东西。

　　因为在小马戏场，往往有一些肮脏之物，很肮脏而且肯定肮脏。跑道上的木屑，粪便

---

① 位于纽约，许多球类赛事和大型摇滚音乐会都在这里举行。

的味道，旧木柱上的灰尘，帐篷下面羊毛粗脂的臭味。而且，那些地方很封闭：圆形跑道，帆布天盖，栏杆。马戏场圈定了自己的空间，一个与其他地方不同的世界。从某种意义上来说，马戏团自成一个人类世界。

在这个空间有限的世界里，任务是创造梦想的泡泡。用最基本的方式，甚至是笨的或者是很俗的方式，用闪光片、废丝，用亮光闪闪的、俗气的、仿制的东西。装出奢华时髦的样子，表现得轻松自如，在可怜哀伤的背景前强颜欢笑。就是这些东西让马戏场显得动人，堪称榜样，人类社会简单的模范：在污泥和污垢上建造可笑的梦想，而且非常执着。

每天晚上8点半，星期天则是下午3点。你得找到通往马戏场的道路，排一会儿队。为了那些破烂的东西、难闻的味道买张很贵的票，而且还不舒服——要在那里待很久，坐得很难受。但你轻而易举地摆脱了这些不舒服的东西，相信自己避开了这种重压，目不转睛地看着马戏演员轻巧的动作，欣赏魔术师的高超技艺，你的眼前会出现一个奇幻的世界——那里满是水晶球，被探照灯照得晶莹耀眼，人们在喧闹中开怀大笑，高兴地吃着口香糖。你会觉得舞台上的人几乎个个都那么英俊、勇敢、优秀、高尚，能做出人类历史上最伟大的壮举，他们的身体像神灵一样闪闪发光，但又那么柔软、空灵、敏捷和轻盈。你在这个缀满闪光片的大圆球中飘游了一段时间。

然后，便到了最关键、最惊心动魄的时刻。场内出事了，一个球掉了下来，空中杂技演砸了；一只鸟不听话，就是死活不动。你突然发现那个漂亮的柔术表演女演员的紧身衣上有个洞，就像看见了可怜的景象。兴致一落千丈，梦想落地，也就是说弄脏了，多多少少受了伤。一种让人不安的失败。人类顽强的写照。

你绝对应该再去看马戏。

43
试衣服

时间：30至50分钟
材料：成衣店
作用：幻想

几千年了，衣服已不只用于御寒挡雨或是所谓的遮羞，哪怕是最原始的人好像也不是仅仅用它来取暖，或许，它始终带有象征性的功能。人们还注意到，人类学家所介绍的任何社会的服装都不仅限于实用目的，它们总是与权力、习俗和社会角色相关。

我们已无限地增加衣服的式样及其意义。衣服能反映着衣者的社会地位与物质条件、他们所掌握的特殊权力或所忍受的统治，也能显示他们的阶级、性格、年龄、职业、错位、反抗精神和服从意识。人们可以说："我是一个住在郊区的年轻人，想通过穿着同龄有产者的服装来摆脱耻辱，但选错了颜色，衣着方式也让他们感到惊讶，而我自己却浑然不知。"或者："我是一个有钱的女人，住在高档住宅区，我的孩子们大了，丈夫和情人都讨厌我，但如果你们知道规则，懂得如何暗示酒店老板，不妨去试试运气。"

你们可以去试衣服，体验一下，不是为了买，而是为了看看能得到什么意想不到的穿着效果。不要像往常一样去买适合你的衣服，符合你的口味、你的身份、你的身高、你的体形和你想象的衣服，而是去尝试不合适的衣服——对你来说太年轻或太老气，太时髦或太土气，太招摇或太保守的衣服。总之是不得体、不太合身、差距太大，每当看到自己穿这种衣服你都会哈哈大笑。

想象一下小时候玩的剪纸肖像，舌状纸板挂在后面，拉一下肩膀，衣服就换掉了。试试各类奇装异服，就当自己是芭比娃娃或肯尼①，看看自己穿得像冰球运动员、外交官、商人、说唱演员、农民、肉贩、书法家、猎狐人、知识分子、清洁工、足球运动员、小干部会是什么样子。每次都想象与这些衣服相配的生活：说话方式、吃饭、睡觉、休闲、旅行，然后把一切都放回衣架，并谢谢营业员。

---

① 芭比娃娃男朋友的名字，1961年，即芭比娃娃诞生的两年后，由美国美泰玩具公司创造。

44
练书法

时间：20至30分钟
材料：好纸、好笔
作用：集中精力

书写并不是一种智力活动，而是侧重腕力练习的一种活动，或者说主要是后者。然而人们心中所想、在纸上写下来的所谓有意义的东西，也许没有集中精力写好字，从美学的角度准确地勾勒其轮廓，仔细地拿捏其圈和点、直线和曲线平衡那么重要。

想要体验这一点，首先必须以同样的节奏、不慌不忙、持续不断地书写出现在你脑海中的句子，哪怕是最普通的句子。在这里，重要的仍然不是你写什么。符号的内容，或者人们所说的"意义"，并不是最重要的。唯一有价值的，是规范的线条、正确的笔画，有序地写下相连的字母，写得好看、清晰、比例恰当、看得清楚。

把注意力集中在你准确和微妙的肌肉运动、圆珠笔或毛笔短促的笔画上。注意在两个句子之间不要停顿，或尽量少停，保持同样的节奏。至于你写的是什么，这无关紧要。只要写，这就够了。尽量避免加快或减慢速度，写字应该仔细、清楚，而在书写过程中，也应单纯、持续和流畅。字体要尽量统一，连贯而自然，做到几近完美。在这方面也同样，认真书写才是最重要的，排除一切杂念，用持续不断的字母和单词在纸上写下一行行横向的文字。

你可以写下想起来的一切，童年的回忆、采购单、骂人的新词、模仿警方的报告、度假时寄的明信片、内心忏悔、情书、报税单、事故报告……重要的是你每次写的时候，都要尽量不去想句子的意思。且不管它们是什么意思，你都必须把它们看作一个单纯的继续写下去的机会。

这样做的目的，是要体验文字一行行地继续，一页一页地写下去，对句子的意思毫不在意。一方面是概念、句法、情感、众多的意义、协调与冲突增加；另一方面（可这还是一个方面吗？）是疯狂的、几乎纯粹的、自动的书写冲动，仅仅是因为想一直写下去，均匀地重复，每个字都相像。

也许，你会因此而感到，人们所说所想的东西都有双重意义。所以，被掌握的意思一旦传播，似乎便可被人了解，其实那都是表面上的意义。你可能会隐约看到持续的、流畅的、自身动作所引发的书写，神秘、源源不断、难以确定，和词汇的意思毫无关系，和文章所要传达的思想、信息和影响完全无关。仅仅是书写，除此之外什么都没有。它穿越身体、思想、肌肉和纸张。

流水般的书写，无穷无尽。

45
在壁炉里点火

时间：15至20分钟
材料：壁炉、木柴、报纸
作用：回到原始

在壁炉里点火，这个简单的动作将被当作一个非常古老的仪式，我们可能已经不知道它的意思。几个必须避免的陷阱，你得了解一下。不过，你已经忘了这一动作是干什么用的：点火是什么意思？你根本就不知道。你甚至不知道为什么这事一直让你激动，奇怪得很。它一直吸引着你，安慰你。

接下来，你要像往常一样做每个动作，不过要注意观察。首先，跪下来，或者蹲下来，清理炉膛，检查一下灰烬是否已被弄空或推到一边，空间是否足够，通风状况如何。开始的时候，柴不能太大块，轻轻地把它们架起——

用柴架，用简单的砖头，甚至，必要的话，就用几块木头——以便下面能够通风。出于同样的理由，小心不要让木柴碰到炉底，要腾出一个空间，一条通道。加点小木柴——柴捆、细枝、装蔬果的木箱，数量要合理。把旧报纸裁成厚厚的细条（报纸比杂志好，杂志不大好烧）或拧成纸绳，不要堵塞空间，柴薪下面要留空间。

点几张报纸，把这个小火把放在正中。起初，反应很快，马上就听到火噼噼啪啪地烧起来，火苗很旺，发出几声响亮的噼啪声，然后渗水的木头嘶嘶地叫起来。纸张一烧完，犹豫和不安的时候就出现了：火苗消失了，炭火几乎不见了，只有一股浓烟告诉你似乎仍有希望。烟在继续弥漫，很浓，烟柱很粗。烧掉的纸边上还有些发红，呈流苏状，然后彻底熄灭。你想，火肯定烧不着了，什么地方出了问题（木头太湿，纸没卷好，太紧或者太松）。一切似乎都正常，但你依然怀疑，有点荒谬、无理、毫无根据地担心点火失败。

你不确定脸上的红晕是因为温度太高还是不安。你对着几块木炭吹，但不成功，也许因为风力太小了。烟越来越浓，嘶嘶声越来越大，但火一直烧不起来。你想，也许应该加点纸，重新起火。你犹豫了。突然，烟雾中冒出了小火苗，很旺，很强劲，瞬间驱散了浓烟，好像火是突然爆发的。现在，目不转睛地盯着它，看它是怎样咬住木柴的。它占领了柴薪的底部，火舌舔着柴皮，把它烫得红红的。一切正常。

想一想，自己刚才为什么那么担心，现在为什么又放心了。也许，你一直清楚地记得火熄灭后的黑暗，那是唯一的地狱。突然出现的每一道火焰都是对黑夜、饥饿、寒冷和死亡的神奇胜利。

46
知道自己说什么

时间：几分钟
材料：无需
作用：让人困惑

重要的是跟上思路，想着自己想说的事情，而不是想着用什么词，如何发音。如果是那样，你会不知所措。这一体验留下的印象会让人不愉快，就好像你在打电话，声音不断地回响，让你几乎无法说下去。

其实，我们根本不必知道自己在讲什么。或保持沉默，或者说一些满脑子都在想的事，目的是把它说出来。但不建议这样对自己说："我正在表达自己的思想，说出自己想说的话。"这种态度会让你完全说不出话来。比如说，别让它干扰一场讲座、一场政治演说或一堂课，听众有理由希望演讲者不会莫名其妙地突然停下来。

　　像我们当中的每一个人一样，你通常能避免这种失误。办法是不要刻意去明确自己在讲什么。让这一想法退回原位——次要、朦胧、边缘的位置。扔掉意思、意图和让句子失控的一切。继续前进，绝不回首，也不要停，否则一切都会卡住。应该只让语言前行。

　　现在我们来看看这种情况造成的奇怪结果。我们只有在不知道说话的情况下才能说话。关于是不是在讲话，朦胧一点，不要点明。当然，我们可以说话，把话说清楚。问题不在这里。如果老想着它，我们就无法说话。

47
在电影院里哭

时间：90分钟左右
材料：一部电影长片
作用：安慰

这部电影应该有以下因素：不是给知识分子看的，容易懂，能猜到结局，情节明了。一个爱情故事，别的可能不合适。坐得靠前一点，似乎不想漏掉任何细节，想和银幕亲密接触，忘掉其他。相信银幕上看到的一切都是真的，都很伟大。绝对美，非常哀伤。成为一个朝三暮四、多愁善感、少女般单纯的人，脱胎换骨，否则就不是看电影了。千万不要抱有批评的想法，不要真的有丝毫的伤感，不要有任何的不信任，不要有任何的怀疑，大胆而坚决地当一个"好"观众。

当情人分手，女主人公死去，凶手得逞，

恶或蠢占上风，梦想破灭，心被撕裂，小提琴悄悄地拉起，敲击声回响，这时，你只管流泪，大滴温暖的眼泪。不要思考，不要害羞。热情、激动、持久。同时感到绝望和安慰，被故事所打动，毫无抵抗的可能，伤心得一塌糊涂，因痛苦减轻而高兴，不理会周围人的目光。

因为时间是无耻、冰冷、可笑的，喜欢诽谤别人。你必须自愿而自由地体验美好的感情，不要盘算，只管享受快乐。眼泪自以为是纯洁的，这一自豪的软弱背后，隐藏着一种奇特的快乐，放弃抵抗，暂时卸下盔甲。

48
多年后朋友重逢

时间：2至3小时
材料：昔日的朋友
作用：按时间顺序

这是一种可以按不同年龄段来进行的体验。人生阶段的不同，体验也会有很大的变化。如果是孩子，两三年未见，重逢时他们几乎会认不出对方来，尽管到了已有意识的年龄，尽管过去经常在一起玩。"你知道那是安托万吗？你还记得他吗？得了……你认识玛丽丝，看，她的眼睛没有变！"尴尬的微笑，目光看着别处，他们会认出来，但什么都回想不起来了，或者说几乎什么都忘了，模模糊糊。

如果是年轻人，遇到多年未见的一个伙伴，他会感到既高兴又不安。高兴和不安都来自脑海中记住的模样，马上就想起对方的样子，想起了对方的胸脯、汗毛、在这期间所长的一切。从长大的身躯中认出了小时候的对方，这真有意思。

成年人的时间可以延长一些。分开了10年、20年、30年或者更长时间没有见了。在咖啡馆或饭店里怀着一种奇特的心情等待，如果能互相认出来，猜猜在时间的重压下，对方变成什么样了，有多少皱纹。既感到恐惧又感到亲切，神奇得很，让人很难真的弄清怕的是对方还是自己。亲切也如此。

还有这种奇特的方式：一眼就认出对方，（对方的什么？眼睛？微笑？点头的姿势？）难以置信地看着对方被岁月摧残的样子。对方显然老了，你本人也同样，这你知道，但自己看不见。然后，几天过去，双方开始习惯，却奇怪地产生了一种动人的东西：你突然也对可怕的时间担心起来，因为你怀疑自己也……

49
逛旧书店

时间：2至3小时
材料：许多旧书店
作用：东拉西扯

　　纯属偶然。你刚好有点空闲时间，事先没有想到。两场约会之间的空当，或是因为火车或飞机罢工，又或者是像现在这样，路过。总之，事先完全没有计划，你走进了旧书店。让我们离开城市，离开街区，离开国家或季节，来到一个书的世界，仅有一家店铺，或是一条专门的马路。这些都不重要，唯一重要的是你完全走进了书的海洋。

　　你经过一个又一个书架，一层又一层，一个厅又一个厅。你并没有什么特别的书要寻找，只是被书名、作者和书中的人物吸引了。好像每本书都在向你召唤，想把你吸引到它的身边。你透过封面，就像在拉上百叶、紧闭着的窗户后面，想猜猜里面都有什么人，在说什么。在每一本书中，都有命运不同的人在等待着你。微不足道的小人物的命运，短暂的厄运。这些都不重要。如果你进去，你会流连很长时间，走得很远。

但竞争很激烈。在几千本书中，你将追随哪本？慢慢地，你发现所有的书都在勾引你，轻轻地对你说：

"亲爱的，读我吗？"

"把我带走吧！你不会后悔的……"

"如果你看我一眼，你肯定不会放开我！"

"我只等你一个人！要我！要我！"

你匆匆走过，远远地离开这些喁喁私语。你听见了这些低沉的声音，闻到了文字散发出来的温暖气息。

这时，你发现了这一明显的事实：文学是个妓女，至少从某种意义上来说是这样。印在书上的每个故事都是一个想引起别人注意的风尘女子，想抓住经过的人，让他多关注。所有的艺术都一样：书在低声讲述各种淫秽故事，你的目光从一个故事滑向另一个故事。

最后你也许会把书店当作妓院，将展示看作卖弄，视文化为纵乐游戏。尽管你的空闲时间结束了，那些召唤仍不绝于耳。

你对艺术家产生了深深的同情。

50
变成音乐

时间：20至120分钟
材料：一段音乐
作用：现实主义

　　把音响开到最大，放一段你喜欢的音乐，然后闭上眼睛。放松所有的警觉，不做任何努力去听、去看、去想任何东西。完全放松你的肌肉，你的身体变得沉重了、疲惫了，软绵绵地压在你所躺的沙发上（或者地面，或者床上），其余的一切都消失了。

　　什么都没有，除了音乐。等等，让它自己来，主动干预是没有用的，甚至是有害的。音乐是绝对的、权威的，独来独往。它不会侵袭你，但你自己将会融化，从音符开始，变成节奏和颤音。而且，你知道那是多么不确切，组合不佳，不够准确，因为词汇不是用来做这个的。必须等待没有句子的时刻到来，甚至在那个时候，你也不能说你在音乐中飘荡，因为要让这种说法成真，还要有一个与声音本身不同的"你"。这个"你"必须消失，只剩下音响，完全独立，纯粹地跳动。那时，你才能成为音乐。

现在，你可以（短暂、间接、有限地）体验一下从外部去观察这具被弃的、无力的身体。你远远地看着，不在意这其实是你自己。在萨满教和巫师的故事中，这指的是暂时抛弃肉身，走出自己的身体，从上头看着它。这就是音乐的神奇之处。你怎么没有早点知道呢?

这还仅仅是第一步。穿过这些时刻，才是魔力和特殊功能所在。变成音乐，无助于旅行。如果继续下去，移动就不再成为问题，时间和距离也如此。很快，没有任何东西能让你找到自己。音乐独自存在，成了存在的本身，直接进入人生的通道。你觉得平时无法理解的句子现在变得毫无秘密了："如果世界消失，音乐还将存在。"

51
拔一根头发

时间：3秒钟
材料：一根头发
作用：微乎其微

痛苦很小。像被大针头轻轻刺了一下，头发很干脆地剥离了头皮。你抓住一根头发，猛地往上一拔。也许你犹豫了，怕比预想的要痛。也许你得尝试好多次才有足够的勇气。猛地一下足矣。

现在好了，头发被捏在你的手指间。头上被拔了头发的地方，出现一道小小的伤痕，疼痛慢慢地蔓延开来，就像是涟漪，静静地一圈圈逐渐扩大。痛楚明确而又模糊——不同寻常，因为开始的时候范围十分明确，然后渐渐模糊，最后难以分辨。皮肤上残留的是痛苦的回忆，而不是尚存的痛觉。

　　你会说，这真是一种愚蠢的体验。根本没用，毫无意思。你说得完全正确，可它的作用正是在这里：让人感觉到无数既没有意义也没有答案的问题。你现在少了一根头发。刚才有多少根？现在有多少根？你从来没想过要知道自己究竟有多少根头发？你为什么对此不感兴趣？少了一根头发，你会秃头吗？少了多少根头发才会秃头？谁知道呢？

　　这是一些没有答案的问题，因为它涉及界限问题和身份的界定。而界限并不是线条：我们知道某某人不是秃头，某某人是秃顶，但我们无法划出一条明确的界限，究竟有多少根头发是秃顶，多少根不是。同样，我们也只能大致地确定自己的身份。我们显然是模糊的群体，像光晕，像迷雾，无法知道自己究竟有多少根头发。我们将继续不知道下去，并认为这是一种小小的痛苦。

52
在森林中散步与遐想

时间：2至3小时
材料：一片森林
作用：颠覆

最好是一片大森林。冬天为好，总之是一个能让人长时间步行而不会因天气炎热而感到不舒服的季节。呼吸要十分均匀，步伐相当轻快地走上一段时间，别的什么都不要管，只需根据自己的步伐，准确地调整呼吸。

第一个步骤是通过反复练习，在几乎不动脑筋的情况下，在自己身上创造出一种不紧不慢的节奏。想知道自己是否以正确的速度在森林中行走，检查方式非常简单：突然停下步伐，继续以同样的节奏呼吸。如果感到树木继续前进，那你就做对了；如果相反，周围的一切与你同时停了下来，那就继续走，你还没有进入状态。

当你检查发现，自己的节奏是正确的，那就继续。你将进入另一个地区，无需仙女的协助，也不必请神灵帮忙。只需一点诚意，一点恒心，一点热情。

只要想象森林就是你的灵魂，你现在是在自己身上行走。乱成一团的乔木、桦树的白色空间、潮湿的腐殖土和苔藓，不，这些都不是外在的东西。某种昏暗让你什么都看不清，一切都反过来了。你正在自己的思想中散步，也许怀疑自己永远也走不出自身。没必要弄清为什么会这样，只需明白这些中间色调和明暗都在你自己身上。阴暗的矮树林、宁静的林中空地、坚定顽强的树桩、半明半暗的角落全都属于你，都是你的秘密财产。

你隐约觉得，也许精神并无外部，或者，假设它有外部，人们却对它一无所知。

你可以从这一森林游戏中随意得出什么

沉重的结论。一点认识就足够了：想象从来不是，也不必是添加到现实中的什么东西，它与现实并不相悖或矛盾，也不会消除现实。必须想象的永远是现实本身。

53
悄悄地泄愤

时间：30至40分钟
材料：一个自由的空间
作用：放松自己

　　你不慌不忙地在街上溜达，但这只是表面现象！无论是你的脚步还是你的动作，没有任何东西能让人猜到你正在发泄，只有你自己知道。没有一个人猜得到。不喊，不叫，甚至没有一点迹象，没有任何异常能表明你的这种行走有什么特别之处。没有，完全没有不寻常的地方。

　　你默默地走着，但你在头脑里喊着口号，口号十分滑稽、很有节奏、非常惊人。你大声地喊出自己的主张，表明自己的决心。

　　可无论是你遇到的那位女士还是匆匆超过你的那个孩子，都不知道你在干什么，甚至包括那个在马路角落冷眼看着你的警察。你独自一人，一言不发。这仅仅是一种体验，想看一看。可看什么呢？

但愿每个人都能这样做而没有任何人知道。马路很平静，来往的行人在街上相遇，各忙各的，沿着自己的轨迹。这可能是个无声的舞台，人们在悄悄地发泄。

然而，事实正是这样。想一想吧，在一条普通平凡的马路上，邂逅着伟大的感情而当事人却浑然不知。你刚刚在人行道上走了几步，就遇到了一个恐怖分子，一个受癌症折磨的妇人，一个失望的失业者，一个走路跌跌撞撞的吸毒者，一个怀孕的少女，一个没有证件的移民，一种失望。你对此一无所知，也无法知道。

显然如此。

54
待在吊床里

时间：不确定
材料：一张吊床
作用：冒险

　　吊床不能太大。不考虑平底吊床，那其实是悬空的床垫，跟真正的吊床没有任何关系。真正的吊床是不稳的、不舒服的，除非你就出生在吊床里，早就学会在那里睡觉和翻身，否则，初学者睡那样的吊床很危险。不要鲁莽，想清楚后再行动。最好是慢慢地躺进去，动作要温和。

　　自己心里必须明白，不可能永远平稳。你随时有可能掉下来，哪怕你自己知道这一点。要保持平衡，最保险的办法是意识到吊床可能会突然断裂。随时都有可能，谁都不知道为什么。必须接受这种随时可能的断裂，心里保持轻松，思想不松懈，但动作不紧张。想到有可能会掉下来并漫不经心地对待这种永远的可能性，才能避免掉下来。

总之，学会躺吊床能让你体会到，悲观能将负荷减到最轻。最坏的情况很可能发生，却并不一定发生，这会让现实变得轻松一些。人们由此摆脱了幻想，求稳与怕死是一对姐妹。我们甚至鼓励保持轻微的平衡。

让我们来概括一下吧：掉下来永远是可能的，但这仅仅是一种可能。干脆豁出去，这反倒成了一种保护。这是对最坏的情况的一种讽刺。

当然，在生活中也应该像在吊床上一样坐稳。

55
寻找信息

时间：15分钟左右
材料：纸张、铅笔
作用：让人平静

　　你远离一切。这种情况有时是会发生的，甚至连收音机都没有，没有电话，没有报纸，没有电视，完全与外界隔绝。不过，你还是希望获得一些信息。专家们发现，人们依赖新闻的方式多种多样：有人每天要看很多次新闻，有人只是早晚扫一眼。新闻是可以像快餐一样来消费的，可以分散到各种场合，或直接出现在屏幕上，也可以通过传真、电子邮件或手机来接收。

　　这次，你什么都没有。手里没有任何机器，眼前看不到住处。尽管如此，自己也得应付。信息，自己来想象吧！没有任何灵感？这不，最后还是想出来了。你看，并不是很难。在国内政治方面，你可以选择内阁官员辞职，一系列新措施（根据你自己的爱好，可以是税收、教育、交通或环境方面的措施），一桩丑闻、政治交易、论争、官方旅行；国际政治方面，可以是战争、外交、专业会议（还是根据你自己的爱好，可以是关于金融问题、电子商务或渔业方面的会议），甚至是地震、火灾、洪水。

别忘了科学新闻：朝人类克隆迈进了一步，发现了器官盗贼和用来储藏数据的新材料。再加上一点文化新闻：新电影、新展览、作家剪影。如果你愿意，那就继续想象下去，从某些名人八卦开始：女演员离婚、王妃的两次婚姻、一个歌手因开车超速被捕。

最后，再来点社会新闻：外省的一桩强奸案、郊区的谋杀案、高速公路的汽车事故。行了，该有的差不多都有了，花边新闻暂且不管，但不妨再来点气象小新闻、股市行情，甚至是彩票开奖结果。如果新闻摘要方面还有不足，想想是不是有哪个人去世了：某个一线的政治人物、一个诺贝尔文学奖获得者、一个知名电影导演。给他来点回顾，加上一些赞扬的话，介绍一下生平。

填补空白不是这一体验的目的，目的是让你明白，新闻其实是不断重复、雷同、没有长进、缺乏新意的。假新闻非常容易制造，这说明新闻其实是最不新的东西。它们无非是在不断地说着人类不尽的痛苦。为了把这种往往很乏味的信息说得好听点，便竭力暗示那是突然发生的新事物。如果经常重复这种体验，你也许会发现，这些海量信息全都不重要，几乎都不现实。

那它们还是信息吗？

56
听短波

时间：16至60分钟
材料：一台短波收音机
作用：了解全世界

这是一个古老的魔术。在互联网时代，收音机有点像史前的旧货，过时了，似乎显得有些可笑，让人想起那些叫作酚醛树脂或绝缘橡胶的旧物。那是另一个时代的产物留下的痕迹，但这相对陈旧的东西并不妨碍我们从中获得某些美好的体验。

去找一台短波收音机。最好等到晚上，因为那时候接收效果往往最好，人的想象力也更加丰富（尽管没有人不让你白天体验）。打开收音机，慢慢地转动选台旋钮，持续不断。注意不要让自己知道自己在听什么。如果出现提示，电台或游标提供的线索，不要理它。避免事先知道你是在听赫尔辛基、马德里、勒帕斯或多伦多的电台。

渐渐地,你从一个世界到了另一个世界。你听到的声音变换着语调,有的语言你一下子就听出来了,有的语言却让你困惑,让你犹豫。是匈牙利语吗?怎么区分保加利亚语和罗马尼亚语,如果你对它们一无所知?是北欧的语言,还是亚洲语言?此刻正在说话的陌生人好像远在天边,又近在眼前。你清楚地听到了他们说话,有的人好像就在你身边,你却不知道他在哪儿,也不知道他在说什么,说什么语言。

继续往前走,四周都是说着话的影子,有的在场,有的不在场。你知道他们肯定活着,但不知道他们在什么地方,在做什么。你可以随意想象,他们也许在自己的播音间,对着麦克风说话,有的背景是中性的,有的背景很肮脏。你可以想象他们的听众:塞尔维亚的农民、开罗的商人、哥本哈根的干部……不同地方的居民,穿着不同的服装,口味不同,所害怕的东西也不同。

然后，你被一个技术问题难倒了。孤独和寂静中，在你所能梦想到的最美妙的隔绝状态中，你在捕捉一种可以听见的声音。数百种声音以数十种陌生的或听不出来的语言低声说着话，它们总是在你的周围，匍匐在空气中，但没有收音机你休想探测得到。那些声音你永远也听不懂，除非它们把难以辨认且多变的人脸不断地扩展到万物之上。

57
切断电视机的声音

> 时间：5分钟左右
> 材料：正在播放的电视
> 作用：教育

　　其实，人真正看电视的时候很少。甚至那些花很多时间看电视、消费很多电视节目的人也并不是在真正看电视。因为，人们几乎总是在听。声音和图像是作为一个整体呈现出来的，合二为一。不管节目是愚蠢还是崇高，人们都对这一整体感兴趣，同时在听和看。人们并不会盯着图像，看它们有什么奇特之处。

　　那就先切断声音，只看电视。你首先会觉得很可笑。那些人确实很可笑，他们在热烈讨论，显得非常激动，不知道原因。女主持人撒着娇，手舞足蹈，微笑着，然后又撒娇，手舞足蹈，微笑，直到放片尾字幕，等待下一个节目。多么可笑啊，那些没有声音的歌手，哑巴的记者，一字一顿、大喊大叫却发不出任何声音的演员，没有音乐缺乏热情的广告……

这还不算是最糟的。在或多或少有些可笑、有些厚重的东西后面，隐藏着某种恐惧。某些机械的、僵化的、非人的东西藏在这些徒劳地不断动着嘴唇、鼓动着腮帮子的脸上。跟死亡，跟冰冷、苍白和一动不动的尸体不一样，它没有生命却动个不停，徒劳地躲避死亡，那是一种无用功。

必须远离这些东西，摆脱这些可怕和可笑的东西。不要笑，也不要害怕。在可笑与机械的表情中斜着穿行，只把它们当作没有声音的图像来看待：说到底，确实很没意思，淡而无味，无聊，空洞。

电视也可以让人变得智慧。

58
回到好像大了许多的童年故土

时间：瞬间
材料：童年的地方
作用：错位

　　这事我们大家都经历过。在回忆中，往往记得清清楚楚，包括细节。那地方大得不可思议，广阔得可以跑步，一望无际：巨大的庭院，逃学的场地，骑大马、躲猫猫的地方，大草原，大牧场，原始森林……在野外暴露自己需要一点勇气。从一头跑到另一头需要耐心，要花不少力气。

　　你不是在那里长大的，也从来没有机会回去，在那个地方慢慢地走一走。突然，成年后回到了那个地方。那是一个很小的空间，局促、有限、逼仄、可怜。然而，一切都相同：所有东西的大小、细节、角落的那扇窗户，这一块墙壁差不多已经泛黄，仿佛是一个模型，一个缩小的模型，一个微缩景观。

体验一下这种特别的惊讶和奇特的不适。把自己当作一个参照，但你没有马上意识到自己的身高发生了变化，所以很自然地认为是事物本身变了，萎缩了，变小了，并立即觉得自己很高大。

尽管你知道事情并非如此，但依然感到不舒服。你的回忆和现在的感觉不一致。二者都很强烈，但不兼容。在正确的记忆和你同样正确的事实之间，你感到自己是个累赘，好像是个多余的东西。让你感到困扰的，是想到自己还在继续长大。

59
习惯吃某种不喜欢的东西

时间：几年
材料：一种讨厌的食物
作用：让人文明

　　你真的不喜欢吃这东西。没有任何办法，你甚至真诚地试过好多回，在不同的情况下，间隔很长时间，可惜都没做到，确实不行，你不喜欢它！吃了它以后，你没有生病，但也没有让你高兴和愉快。跟过敏没关系，完全是口味问题。那就吃一吃吧！

　　首先，吃一点点，就一口，镇定地吃，不时地吃一点，好像要明显表示自己很独立。然后，频繁一些，经常一些，干脆一些。几年后，如果你能坚持下去，你吃的时候会几乎没有感觉。你可能仍然不喜欢它，但吃它成了一件平常事，不喜欢的成分减少了，慢慢地会觉得有点无所谓，最后甚至可能有点喜欢上这食物了，不是因为口味（永远讨厌它，除非例外），不是因为重复得习惯了，而是因为终于消除了这种厌恶，对自己表现出了些许温柔。

　　接下来便要知道该选什么理由来强迫自己做这种事，这显然是非理性的，可能是愚蠢的，硬要让自己不高兴。回答无可辩驳：为了文明！说实话，不管文化与时代发生什么变化，文明是由什么组成的？文明就是不盲目地跟着自己喜欢的东西走，不机械地厌恶什么就反对什么。文明会让这个游戏变得复杂，不让自己随心所欲。你将得到一个答案：这一漫长的体验，目的是让自己以受教育的方式无私地参与人类的大历险。

　　只有心怀叵测的人才会认为这个理由是为野蛮叫好。

60
斋戒一段时间

时间：6至12小时
材料：无需
作用：荒凉感

在世界各地，无论哪个时期，斋戒都是一种精神传统，这并非偶然。要改变我们与世界的关系，没有比这更好的办法了，吸毒除外。让人害怕或给人安慰，让人念念不忘或无动于衷，妨碍他人或让他人平静，斋戒全可以做到。根据不同的情况和时间，采取不同的强度。而且，这没有什么让人吃惊的：我们与现实最古老、最持久、最本源的关系都通过食物来体现。所以，自愿禁食就是直接触摸我们最古老的根基。

事实上，根据过去的经历和内心的结构，每个人的反应方式都不同。有的人感到忧伤，马上就以为自己来到了一个不毛之地、寸草不生的地方，生活失去了滋味和甜蜜；有的人则相反，免去了不得不吃的三餐，终因摆脱了每天在固定的时间必须吃下固体的物质而感到轻松。

如果你还没有体验过这种情况，那就只斋戒一天。这毫无危险，除非有医学方面的禁忌症，而这种禁忌症毕竟很少见。不时地喝些糖水，不要另找特别的东西。只研究自己的情绪变化，更广义地说，几个小时后，看看出现在自己面前的所谓"现实"。

减少点葡萄糖，少吃点脂肪，少吃点蛋白质。这样，你看世界的方式就会完全不同。你不觉得能从这种状况中获得所有可能的结果吗？

好了，试试吧！

61
低怨十分钟

时间：如题
材料：无需
作用：严厉

抱怨总是有理由的。由于受伤而生气而
不满，某人撞了你，碰到了让你不高兴的事
情……于是你就开始低声抱怨，不管对不对
（从你自己的角度来看，总是有道理的）。你
抗议一件不愉快的事情，一件不公正的事情。
你通过叫喊和咬牙切齿来表达自己的不满。

我们的游戏做的是同样的事情，但要猝不
及防，没有动机，完全出自本能。你要做一些
愤怒的动作，尽管自己并不愤怒。独自待在一
个房间里，开始无缘由地抱怨。

度过起初的尴尬阶段后，发出种种呻吟，
从喉咙里发声，收缩声膜。叫嚷，谩骂，用粗

暴的声音说些骂人的套话：

"真让人难以相信！"

"不！可这不能说了就了！"

"你这样做试试！"

"这真难以想象！"

"啊，混蛋！垃圾！流氓！狗！笨蛋！蠢货！"

别去想自己在说什么。小心不要让自己真的心情不愉快，把这些话说出来就行了。保持冷静，继续。要想着有人在给你录像，必须装得很像才行。继续低怨，跺脚或捶胸，或二者兼之，随你自己。大声叫嚷说："这真讨厌、肮脏、卑鄙、无法接受！"你受够了，要他们给你赔偿。你会把他们压成粉末，一脚踩扁，让他们求饶，他们会因此后悔的。接着，提高嗓门，使劲地大喊几声。掌握好呼吸，使用破裂音。

然后停下一切，呼吸，喝一杯水，打开窗户。

记住，发火无非就是这么回事。

62
开车穿过一座森林

时间：10至20分钟
材料：汽车、森林、道路
作用：侏罗纪时代

　　树木在窗外列队而过，一下子就让人产生了不真实的感觉，像是在电影中。如果你有幸是乘客，不要犹豫，扭头看看路边，目不转睛地看着树木快速而单调地列队而过。这不过是最初的催眠状态。接下去，凝视矮林，外面时明时暗，根据树木高低而定。这次，目光要盯着远方，树枝下的空当，绿色的光亮，有时甚至漆黑一片。在这种地方怎么生活？怎么才能永远待在那里？中世纪，在人们大规模开垦之前，这里和别的地方曾是什么样子？

　　汽车给了你一个特殊的保护，你在铁皮和车窗的保护下迅速穿过。然而，森林中神秘而可怕的东西会抓住你，钻到你的身体里。尽管加快了车速，你还是会突然明白，自己永远也出不了这座森林。

63
不假思索地给予

时间：瞬间
材料：手头的东西
作用：善心

　　你深恶痛绝连贯的动作、预计好的路线和毫无悬念的任务。你在淡然无味的时间里机械地走着，可以说无动于衷，对你自己、对别人、对事物都一样。突然，出现了一幕惨景，真正的悲惨景象：路边坐着一个流浪汉，一个肮脏或残疾的孩子，皮肤被冻得发红，夜宿街头，酗酒；他们缩在马路角落，或直接坐在人行道上。地铁口，亮着红灯的地方，到处都是。你感到很意外。

　　马上施舍，不假思索，不盘算，没有商量，不讲道理，不讲理由。把手头的东西给他，一张纸币，一个三明治，一本书，一支钢笔，一个微笑。不要管东西的价值，也不要管这样做是不是恰当。体验一下立即施舍的滋味。不是完全不分对象、不管给什么东西，而是要给你自己的东西。你可以说受到保护，过得很舒服，并不真正需要什么。施舍给那个在等待的人，仅仅是因为他伸出了手。

你突然会这样想，这个动作是随意的，由于是非理性的、偶然的，所以是不正确的。一思考，就能找到理由，不管是对的还是错的，觉得这种给予是徒劳的，乞讨是不道德的，仁慈是可疑的。所以，给予的时候应该尽量排斥当时突然产生的想法。施舍就是怜悯，这种突然产生的帮助别人、共渡难关的冲动，经不住思考，一分析就会完蛋。

在这种情况下，应该毫不犹豫地努力阻止自己思考。记忆会保留当时得到的感激，而理智地吃下的美食和理性地花掉的钱则早就被遗忘了。相反，你会记得这种给予以及给予时的动作、对方的面孔和当时所说的话。这不仅仅是遗忘的反面，也是内疚的反义词。

64
寻找蓝色食物

时间：不限
材料：不确定
作用：模糊

　　从地球外面看，人们把它叫作蓝色星球。确实，地球上有无数蓝色的东西。如果万里无云，白天的天空是蓝的，海洋是蓝的。我们不断地被蓝色所淹没，不断地凝视它，渴望它，但不可能吃它。蓝色是不可食的，它抵制我们的吞噬。

　　这是一个非常简单的系统，但很庞大。其实，世界上有许多各种颜色的食物，应该说全都可以引起我们的食欲。但蓝色的基本都不能吃，浅蓝色的或深蓝色的，或干脆是天青色的食物很有可能让人厌恶。观察玉蓝色的雪糕，会让你觉得它不仅十分做作，而且非常病态。

只有少数几个例外，而且毫无说服力。科斯和布雷斯①蓝奶酪往往近乎绿色或黑色，蓝色的库拉索柑香酒②如同难看的鸡尾酒，有赤道和潟湖的味道。加烈酒的洛林蓟悄然过时，孚日山区的蓝色奶油，法国的这一昔日特产，已几乎完全消失在人们的记忆中，只能用目光去吞噬它了。

总之，你可以不断地寻找，几乎没有蓝色的东西可以食用，至少不常被人吃或吃得津津有味。它和绿色、红色、黄色、橙色，甚至黑色和白色都完全不同，深深地被人讨厌。我们应该从中得出什么结论呢？为什么不能吃天空、星球甚至海洋呢？必须提醒大家，蓝色也与王权和死亡有关！

啊，多少个谜啊，多少个谜！

---

① 科斯为法国中央山地西南部的石灰质高原地区，布雷斯为法国东部地区名。

② 加苦橙皮和糖浆的一种酒，原产于安的列斯群岛的库拉索。

65
成为圣人或刽子手

时间：15至20分钟
材料：无需
作用：相对化

你是好人还是坏人？关于这个问题有无数答案，至少人们是这样认为的。因为人们赋予这个问题以某种意义。一个简短的体验很容易让你相信，这种表面上如此重要的问题，其实并无依据。

好好想想你昨天一天是怎么过的。回忆一下主要的时段，它们之间的联系，可能的话，再想想细节，自己每一个小时都在想什么。回顾中，想一想自己的态度，并努力做出评价。不要做客观的判断，好像你能从外在的、中性的角度看待自己。悄悄地做相反的事情，带有偏见地、有倾向性地、极端地来看自己。

首先去发现你的一举一动都极其宽宏大量，从好的方面解释你内心的想法。看看这漫长的一天你是多么忠诚、专心、利他、无私、谦逊、高效、人道、团结、仁慈、尊重人、富有同情心。

初看上去，好像并不完全贴切？体验的目的是让你从各个角度观察自己的所作所为。至于你能完成什么，这不重要。你必须分辨出昨天（人们都会推测这一天挺平常的）都做了哪些明显的好事。当你觉得差不多已经得到这个结果时，那就好好回顾一下。

然后，做完全相反的事情。在昨天的行为和思想中，努力找出自己做了哪些明显的坏事，能破坏什么，想破坏什么，哪些坏事是最基本的。仍然忽略你的行为和思想的过程，把它当作一件普通的事。最后要在自己的言行当中，找到自己卑鄙的、懦弱的、可憎的、邪恶的、残忍的、虚荣的、爱搞阴谋的一面。把自己当作刽子手，如同把自己当作天使，没有更多的理由。但如有可能，也做得同样真实。

　　在别人身上，在周围的人身上做一做这个实验。

　　然后，如果你完成得足够好，那就试着去相信其道德判断和自我反省。

66
找回失去的记忆

时间：30分钟或更多
材料：一段记忆
作用：无法预料

你懂得那么多事情！你觉得这太平常、太简单，以至于自己都意识不到。比如，无论你的教育程度如何，你都掌握了母语的成千上万个单词，懂得语法规则、算术和几何。你还记得无数故事，真实的或编造的，你自己亲身经历或是别人经历过的，由历史学家或目击者所转述的，从童话、小说和电影中读到或看到的故事。

体验的目的，是要发现你的记忆中所储存的东西比你想象的多得多。这一点，你显然已经知道。尽管如此，还是体验一下吧：花上半个小时，拖过一把椅子，闭上眼睛，去寻找一段失去的记忆，随心所欲，说做就做。

有人会以为，这种寻找注定会失败。太直接了，太粗犷了。根本不是这样。这很少失败。记忆的闸门一打开，我们几乎总是能找到我们以为已完全忘记的一段事实、一个日子、一个动作、一个场景、一张面孔。

你不能完全盲目地开始，首先要划分几个大类，以此作为线索：工作、度假、历史或家庭事件。把一张面孔、一年、一个地方、一段激情作为虚拟的向导，跟着它，转弯，挖掘，不强求，也不强迫，随遇而安。在你意料不到的时候，突然出现了一幅图像、一个声音、一种味道、一个场景。可能是整体同时出现，完全而彻底；或者，必须打开、铺展，把褶皱一一抚平。

所以，不要动不动就到外面去散步。与其外出，不如进入内心搜寻和游荡，发现表面上看不见的记忆，就像采摘蘑菇和松露。

67
看别人睡觉

时间：几分钟
材料：另一个睡者
作用：让人动心

你熟悉她的每一寸肌肤、她说话的声音、她眼睛的动作及她的一切反应。你喜欢她的笑容、摇摆脑袋的姿势甚至（比如）一点点也许只有你才知道的不足。总之，你们彼此很熟。

然而，如果你在她熟睡的时候打量她，你可能会觉得并不完全了解她。这张脸已不是原来的样子，它好像从里面缺失了。眼睛紧闭，身体疲惫，姿势出人意料，天真得够呛，呼吸声好像也不是她的。巨大的信任、些许不安和隐约的局促交融在一起。为什么会产生这种奇特的感觉，好像你在凝视你不应该看到的某个场景？

也许是存在与不存在的重叠造成了这种混乱。也许你真的已经不知道这个林中睡美人是否就是你所爱的那个女子。你永远都不会知道。尽管如此，这也许有点好玩。所以，你只要温柔地抱着她，才能让这种温柔到达你能等她的最远的地方，到她一无所知的最寂静的地方。

68
在节假日工作

时间：8小时
材料：一个节假日、
     一份工作
作用：无私

事实就是这样。由于习惯，大家都这样做。也许大家都不愿意，更谈不上是一件好事，但已经习惯了，所以你去做了。不管是教师、职员还是经理，你都已经习惯。也许你必须在大家都不上班的时候继续工作，当其他人都在睡觉、做梦、散步、干杂活、看电影时，你必须去上班。

体验的目的是看看会发生什么，你又会有什么感觉。一开始可能会感到不高兴，觉得自己受到了侮辱，好像被迫害了，对这样的安排有点生气；然后，你进入了一个飘忽的空间。

一切都与平时不同，你做着同样的事情，完成同样的任务，但看起来好像不一样。缺乏背景声音，听不到其他同事发出的叮当声和骚动声。当然，有些客观存在的迹象，没有电话，办公室空空如也，马路上没什么人，但这不是最有趣、最神秘的现象。

其实，没有任何迹象告诉你那天别人不上班。尤其是如果你是在家里工作，没有任何东西告诉你今天是节假日，但你心里很清楚，明显地能感觉得到。

光凭想象就能感觉到这种变化吗？或者相反，是否存在着一种集体意识，一种社会感觉，对大家吵吵嚷嚷特别敏感？

显然，生活中充满了神秘。

69
把人生当作一种错误

时间：1小时左右
材料：无需
作用：使人振奋

人们老是对我们说，我们是多么出类拔萃！我们是世界的中心，上帝之子，社会中坚。我们智力超群，无所不知，口才出众，是科学的象征、进步的动力。我们的人生受到那些神话、宗教、哲学和赞美的祝捷，弄得人们都不明白我们为什么会失败，会堕落，会进行没完没了的战争，做出无数卑鄙的事情。当然，有各种补救办法，来解释我们为什么堕落、做坏事，为什么会有两副面孔。

你可以体验一下最彻底，也许又是最有益的幻灭。尽一切努力，让你的人生变得毫无意义。把人生当作一种偶然、一种失败，生物意义上的一种事故。它在不稳的基础上，在一个极小的角落无序生长，有一天终将永远消失，没有一个人记得起，没有一个人会关心。人类还将存在数十万年，在这过程中，这种奇特的生命将永远停滞不前，然后，无度繁殖，破坏自己生存的空间。消失之前，它会制造无数难以想象的、无谓的痛苦，比如屠杀、饥馑、奴役、压迫……

清醒地观察这一荒谬而暴力的物种，好好看清它缺乏公正、短暂而疯狂的存在。努力忍受这种看法：人从本质上来说就是非理性、没有前途的。这将有助于让你感到内心平静。因为在这个无意义和恐怖的背景之中，所有崇高的灵感都像是独一无二的馈赠。完美的音乐、难忘的绘画、辉煌的教堂、诗中的眼泪、情人的欢笑……有多少错误的衍生物，就有多少说不清的意外。

70
置身于小举动的世界

时间：可变
材料：一段往事
作用：迁移

认为只有一个世界的人是可悲的、粗俗的。苍蝇或者鲸鱼的世界与你的世界没有任何共同之处。

说各种世界以某种方式相吻合，这很值得怀疑。你所谓的世界本身就是由许多不同星球组成的，它们并不一定互相关联。

要感觉到这一点，就请置身于一个小举动的世界中。忘记所有跟音乐、声音、色彩、形状和味道有关的东西，只回忆起动作、移动、触觉等小动作。有的你肯定印象深刻，它们会留下来，与其他记忆藏在一起。

这是众多动作中属于我的几个：一个非常

悲伤的日子，一个女人把手放在我的额头上；秋日的公园里，另一个女人挽着我的胳膊，那种方式让人难忘；父亲拍着我的后脑勺，母亲奇怪地做了一个手势，向我告别。

你熟悉自己的动作，请把它们找出来。你会发现，它们互相应和，编织成一个独特的世界。小举动的网络是独自存在的，好好探索它们组成的世界。在那里游荡，可不像在其他记忆中那样。有时候，值得在那里待一段时间。要想去那里，就必须动作连贯，如同一段线路、一条纽带、一系列脚印。

总之，不可能在那里迷路。

71
拔掉电话线

时间：可变
材料：一部电话机
作用：模糊

你喜欢朋友们给你打电话，喜欢家人能找到你，客人来求你，同事们向你问候。我们的情况都一样，差不了多少。但我们有时也会被打扰，感到厌烦：突然来电话，或来了不速之客，不管时间场合，也不管你是在谈话还是在思考。

那就试着拔掉电话线吧！关掉手机，拔掉墙上的插头，确认什么都不会再响。保持足够长的时间，不要太快地利用这段彻底的平静。在你去工作或是午睡之前，体验一下切断与外界的联系会让你产生什么感觉，而不要去干杂活或去切鲜肉。

有时，你会得到真正的满足：终于，别人影响不到你了，终于平静了，终于可以自由地继续做自己的事情而不会被打断了；有时却感到不安：会不会有紧急的事情？会不会真的有重要消息？会不会发生什么事故？有时你会有罪恶感：有人到处在找你，但他们甚至都不能给你留言，这全都因为你贪图自己舒服而不顾他们的要求。这合适吗？

于是，产生了某种形式的反抗，想进行小小的反叛，回归电话永远接通的时期。保持线路畅通成了那么正常、那么必要的事情，以至于切断电话线会显得是苛求的开始，是失控的第一步，很有可能会失去自由。与此同时，你立即就会感觉到，这是退化到原始状态，是一种不合群的举动，一种让人脆弱的孤独。你会想，该怎么办呢？

也许应该给某个专业咨询中心打个电话。

72
见谁都笑

时间：极短
材料：无需
作用：默契

在马路上，在商店里，在工作中，在市场里，在村庄和城市，在旅行中或在自己的国家里，大部分时间，你都不认识遇到的人。尤其是当你住在大城市里，或在旅游胜地，你往往从来都没有见过他们，以后也不会再见。你可能对这些陌生人不想有任何表现，甚至可以选择刻薄、沉默、冷漠，这是你最基本的权利。

但你可以微笑一下，悄悄地，克制地，明显但谨慎，仅仅是表示善意。试试吧！当你与陌生人的目光相遇，当你们瞬间擦肩而过时。这样做不总是那么容易。太过分，你的微笑会显得愚蠢或近乎愚蠢；太细腻，又可能不被察觉。必须根据情况、根据人、根据相遇的速度，露出合适的微笑，好像在说："我们应该尽量互相体谅，因为我既没有理由恨你，也没有理由爱你，你也同样。祝你一天顺顺利利的。"又或者："宽容的同伴，请停一下脚步。"或者是此类语言，只要适合你，怎么说都行。

没有理由赋予这种体验以特殊的道德。不过，在进行这一体验时，你会产生这样的想法：如果大家都这样微笑，会让社会风气变得更好。除非微笑会让人显得虚伪，或者微笑和社会道德都是虚伪的表现；除非社会风气好不一定是一件好事；除非我们不希望更加虚伪。

一些让人发笑的问题。

73
进入一幅画的空间

时间：不确定
材料：一幅画
作用：移位

总的来说，世上的空间结构已不再神秘，因为你有地图。不管是确定一个目标还是测量一段距离，你都感到很方便，除了个别情况、遥远的物体和银河系中矛盾的东西。在日常生活中，在你周围，空间的状态是有序的，不可能有什么圈套和陷阱。

除非你刚好看到某些油画。

谁都不能告诉你为什么油画能在你身上产生这种效果。这是不可预见的。所以你要选择某个博物馆去经历这种体验，事先并不知道会有什么结果。你的目光首先在光滑的画布上扫视，它可能有趣、动人、构思巧妙、技艺娴熟、崇高伟大，一直跟你处在同一个空间里。突然，如果你运气好，出现了另一种现象。

在你习惯的空间里，出现了一个断层，它吸引着你，呼唤着你。这个断层属于一个"不可能"的空间，另一个维度，是世界这张大网中的一个洞。而且，这样的空间有许多，你可能会掉进去。有的像是地下墓穴，有的像是台阶，有的像是倒过来的地窖或螺旋形的远景，还有的好像被画了一些不见尽头的线条、点了许多黑洞，或者像是瓜秧培养罩，像南瓜，像柴郡猫①。

千万不要犹豫，不要抵制最先产生的诱惑，让它抓住、上身、拖走。没有什么可怕的：不用害怕永远无法从那个空间回来。继续留在那里，同时又不离开我们自己的空间。所以，我们永远处于许多空间当中。这就是为什么艺术会让人生更加丰富的原因。

---

① 英国作家路易斯·卡罗尔（Lewis Carroll, 1832—1898）创作的童话《爱丽丝漫游奇境记》中的虚构角色，一只咧着嘴笑的猫，能凭空出现或消失，甚至消失以后，它的笑容还挂在半空中。

74
大白天走出电影院

时间：90分钟左右
材料：放映厅、日光
作用：调整时间

你长时间地追随着主人公、战斗的场面和剧情的转折。你处在另外一个世界，在黑暗之中。电影院让你此刻思想空空，满是图像，它抹去了时间，割裂了它们之间的关系。然后，你走上通往外界的一条走廊或楼梯。灯光下，你找到了你熟悉的一小块世界，不过，这还仅仅是个中间地带，一个过渡。突然，你推开了大门。

外面，阳光灿烂。你已经把它忘了，完全忘了。你在问自己，怎么会这样？不是说你不可能忘记，而是说这怎么可能是在大白天。外面，艳阳高照，而剧本里不是这样的，剧本里应该是黑夜。像往常一样，行人逐渐稀少，出租车悄悄地驶过，橱窗紧闭。光线太亮，眼睛有点生疼。许多人挤在人行道上。在这段时间，他们都干了些什么？工作？奔跑？为了生存他们都做了些什么？

他们毕竟还得过日子，像往常那样，忍耐力之强有点让人不可理解，甚至有点挑衅的意味。当你被这种人潮席卷，当你在工作或者跟他们一起挤公共汽车，你自己都意识不到。你知道，他们自有办法对付生活。但这一点，当你在电影里跟女主人公在一起，或参加各种战斗时，你不知道他们是怎么做到的。

他们继续来来往往，时间紧密相连，动作前后连贯。而你却不是，对你来说，恰恰相反，时间松松垮垮，就像一个大口袋，里面装着电影中的故事、景色，你的激情，也许还有全部的生活。这个问题很快就会渐渐隐去，最后消失得无影无踪，但仅仅是因为疏忽或激动。

问题并没有真正解决。

75
潜入冷水

时间：1小时20秒
材料：沙滩、阳光、大海
作用：越界

如果身体条件允许，选一个炎热的日子，先在阳光下待够一段时间，至少一小时。你得让自己感觉到皮肤都灼焦了，甚至连体内都已经感到发热。然后，选个水十分凉的时刻和地方。炎热的沙滩和冰凉的水，对比越强烈，我们的体验便会越成功。

突然冲到水中，不要停步，伸展四肢，跳起来，潜入清凉的水里，憋住呼吸游泳，能游多远游多远。这几秒钟值得体验。突然而来的冰凉不会立即感觉得到，前百分之十秒你会觉得闪过道道光束，周身到处刺痛，就像一股热流或冷水，一种自由落体，一种让人热血沸腾的停顿。接着，一两秒钟之后，感到冷了，冷得让人发抖，不得不继续在水底游泳，越深越好，然后才浮上来透口气，重新沐浴在温暖的阳光下。

有的人，出于谨慎，不想这样潜入水中，但可以采取其他方式来体验类似的感觉：突然走进放满水的浴缸里，介于热水和凉水之间的温水。而弱不禁风或胆小的人，可以把一只脚泡在装着冰水的脸盆里。有趣的是，每次的对比都让人惊愕，让人感觉走出了自身，易地和移位了，互相之间的距离过于遥远，区别过于明显，好像无法一下子融入所设想的自我持续当中。这种差异似乎妨碍它们成为整体，形成一个系列。它们接替得太快，让那个"我"像四脚朝天的乌龟。

不知所措。

76
寻找不变的风景

时间：没有止境
材料：地球
作用：让世界永恒

　　这并非完全是怀旧，或许是某种温情、某种忧伤的好奇。它促使我们寻思哪里还有与几万年前相似的风景。是否还有什么地方丝毫未变、没有留下人造的痕迹？

　　哪座森林依然如故？哪个偏僻的地方，乡村、山坡抑或哪座高山还保持着原来的模样？你开始寻找，想找到类似的地方。探索，摸索，但总是心存怀疑。农业没有让一切都改变面貌吗？风化没有使一切都变样吗？你想象某个景观和石器时代的人看见的大致相同但不敢完全肯定，于是感到很失望。

　　然而，答案一点都不复杂。出海吧，直

到看不见海岸。那时，你会发现，什么都没改变。水域保持着原貌，历经一个个世纪而不变。你所看见的，翼手龙也看见过。而且，世界上差不多三分之二的地方仍然如此，并将一直如此。换言之，地球上面积最大的部分没有改变。除非被破坏、被震动、被人类所改造，世界上的大部分地方其实都保持着原来的样子，水波浩渺，一望无际，湛蓝湛蓝的。

从这一发现中可得出你想得到的结论：一个惊人的话题，一个引起争论的问题，一种让人感到安慰的明显事实或一种苦涩的幻灭。

浪花在持续。

77
听自己的录音

时间：几分钟
材料：能听见自己声音
　　　的一段录音
作用：换位

人们肯定会感到惊讶："难道那是我的声音吗？"你觉得自己的声音太高或者太严肃，太慢或者太快，咬字不清，发音不准，失真，怪异。一开始，你确实分辨不出自己的音色和说话方式。然而，录音真实地还原了别人的声音，只有你的声音不对劲。

这些词或句子，你知道确实是自己说的。而且，你一下子就分辨出了自己的声音，但好像有些失真，有些偏差，显得有些离奇。是你，但又不是你。你掉入了一个断层中，一个突然张开的虚空中。你认出了"里面"的你，觉得自己是在"外面"。专业人士对此很习惯，电台播音员或录音师从外到内都能认出自己的声音，他们就是以这种方式工作的。他们已习惯听自己说话，所以不会感到惊奇和不适，第一次像别人那样听到自己的声音的人才会有这种反应。

过去，从来没有一个人能像别人一样听到自己的声音，也不能像别人一样看到自己的模样。这个问题，被机器解决了。不是让自己走出自身，而是借助工具证明：我们的内在是多么不为人所知。技术有利于哲学，让人寻思要记住什么表象：是我们自己形象的内在反映，还是貌似客观、被录音下来的外表？同样的问题也适用于面容、思想和我们的所有行为。这个问题永远不会有答案。

这总是让人惊讶。

78
对一个陌生女子说她很漂亮

时间：不到1分钟
材料：无需
作用：昙花一现

　　你从来没有见过她。今天，你偶然在饭店里遇到了，或者在火车上，咖啡馆里，过马路的时候。她羞花闭月，活泼大方，完美无缺，一眼看上去就让人赏心悦目。几秒钟甚至几分钟后，她就将消失。你可能再也不会见到她。但这没有任何关系，你对她短暂的出现充满感激，想谢谢她出现在你眼前，对她说，她很漂亮，那种美让人心旷神怡。

　　你没有这样做，因为这很可能被人误会。如果她是独自一人，她会以为你是想勾引她（然而你的感激是纯洁的）；如果有人陪伴着她，你可能会被当作一个寻事的流氓，找抽。

　　不管怎么样，大着胆子，试试看跟她说话，礼貌而真诚。你得到的将比失去的多。你到底获得了什么？说出来的快感。一道景色，一片蓝天，一块岩石，一朵花，一只鸟，凝视着它们，不管能给你带来多大快乐，你都无法致谢，它们不明白你为什么感谢。而如果是一个人，那就不一样了。

　　结果，你自己会看到的。大部分人都会耸耸肩，而这可能表明，社会关系已被损坏。

79
相信某种味道的存在

时间：零与无限之间
材料：无需
作用：像犬一样

你觉得闻到了什么东西，很温和的一种味道，像是溢出的一股香气，你没有马上就分辨出来。一股花香，春天的气息，或许是记忆中的焚香，少女的头发香味。不要去识别了，留住这痕迹。进入这味道当中，哪怕它很轻微，很微弱，或渐趋消失。扩大、丰富、延伸、支撑被包裹在这种味道中的世界，让它发扬光大。

这种味道对应某种现实？你是否想到过它的存在？这些都不重要。你可以永远相信这股飘过的味道，迎接它，扩散它，不要问它是真是假，好闻还是难闻。欢迎某个地方、某座房屋、某个人的味道，恐怖的味道、爱的味道、死亡的味道、童年的味道、学校的味道、工作的味道、厨房的味道、市场的味道，各种各样的味道。你会发现这个世界被大大地忽略了，往往被认为几乎不配存在，不值得关心，而它其实处于想象与现实的中间，在那儿，二者很难被区分开来，经常换位，甚至互相纠缠。味道的王国是梦与醒、感觉与幻觉之间的过渡地带。

由此产生了几个不同寻常的问题，专家们意见不一，争论不休。比如，水的味道会随着气温变化吗？味道中的味道可以闻到吗？檀香的香精（举个例子）是否可与真正的檀香相比（依此类推）？世界有没有一种味道？还有，嗅觉丧失者（失去嗅觉的人）会不会是无神论者？他们跟盲人或聋哑人是否具有相同的社会地位？

请继续。

80
醒来不知何处

时间：5秒
材料：别处的一个房间
作用：无处不在

你要把自己搞得疲惫不堪，或经常东跑西跑，生活颠三倒四。你睡着了，突然，一个声音，一道光亮，或仅仅是闹钟声把你从睡梦中惊醒。你知道自己不在家里，但在那一瞬间，你并不知道自己在哪里。那一瞬间5秒就足够了。然后，你缓过神来，看看四周，知道自己在哪个城市、哪栋屋子，为什么在那里。这一体验就是要探索刚刚苏醒到缓过神来的这段飘忽不定的时间。

这是一段非常有趣的时间，虽然非常短暂。你感到自己飘起来了，处于失重状态。并不一定让人不安，甚至不会让人担忧，而是脑

子里一片空白，只是一道光芒。如同书中写的
一样，你会问："我在哪？"

其实，你丝毫不怀疑世界的存在、自己
的存在和人生的持续。你在很短的时间里仍不
知道这地方叫什么，它在何处，甚至不知道你
为什么在那里，但你一点也不怀疑你在某个地
方，而且很快就会知道那是什么地方。

这就给了这一短暂的插曲一种没有危险
的神秘感，味道有点甜甜的。疑问是真的，但
很快就会被解决。无论如何，你的无知不是装
的：你确实不知道自己醒来时在什么地方。与
此同时，你又感觉到前所未有的踏实，你知道
那个世界：你在某个地方，这是不用怀疑的，
你很快就会知道这是什么地方。啊，你看，真
的，果然如此。

请不要浪费这个罕见的时刻，它完全悬于
怀疑与肯定、确信与无知、不安与满足之间。

81
走下没有尽头的楼梯

时间：几分钟
材料：一座8到20层
　　　的楼梯
作用：内省

走了两三层之后，你才开始掌握节奏。请注意，一有可能，就调整好自己的步伐，让自己的双腿有规律地迈动，呼吸均匀，不假思索地继续下楼。一切都必须很快就变得很机械，直到有点头晕眼花。这表明，你做对了。继续吧！

你要想着自己将永远不断地这样往下走，没完没了地盘旋，没有尽头：既没有地狱，也没有纯粹的物质，没有任何风化物，没有死，只是有节奏地往下走，永无止境，一望无际，永远没有终点。你可以慢慢地用各种方式来形容这种下行，比如，想象自己正穿过一个色彩缤纷的地区，设想有的楼层冰封雪冻，有的楼层炎热难熬，有的黑，有的亮，一长段路有的人满为患，有的空无一人，有的地方楼梯维护得好，有的地方楼梯破烂；遇到了当地人，听到了乡村音乐，看见了熟悉的食物和罕见的岩画。然而，你丝毫不能改变这一事实：你的下行没有尽头。

这时，楼梯让你产生了灵感，你的脑海里冒出两句悼词，语气十分热烈：怀念发明楼梯的人，怀念电梯商。

82
消除激情

时间：可变
材料：无需
作用：恢复平静

我们忘了，对于人类来说，要过上美好的生活，摆脱激情是最理想的，久来如此。成功地甩掉这些杂乱的东西，摆脱这些让人尴尬之物，熄灭这团不祥之火，是一项崇高的任务。在这种忘却当中，浪漫主义真的对我们毫无帮助，它把激情变成了巨大的历险，变成了命运的暗示。在它的影响下，激情成了一种光荣的东西，有时甚至很伟大，总之，让人羡慕。继承了古代传统的古典主义作家已尽一切力量将之边缘化。激情成了一种捣乱的东西，必须消除。

我们来看一看古代圣人的理想是什么。如

果这个圣人幸福且被人敬仰，那是因为他懂得如何摆脱激情的控制。他生活在激情之外，无视激情，面对激情的进攻刀枪不入。圣人不会轻易激动。

也许你永远当不了圣人，那至少也要体验一下没有激情的滋味。当激情产生的时候，不要沉浸其中，而要把它当作一个肿瘤，一个蜂窝组织炎，一个临时的肿块，设法让它消下去。试着从外部去看它，觉得它既可笑又讨厌。千万不要激动，如果激动了，那就赶快脱身，按住它，让它消下去。但也不要老想着这事，让它自己消失吧！

当然，这样做有时非常困难。如果你坐立不安，忧心忡忡，或者你开心得要跳起来，要迅速而彻底地消除激情是不可能的，但也不完全排除。重要的是要知道自己想达到什么理想。过一种没有忧伤和恐慌的生活，不慌张，不激动，一种风平浪静的人生；要么相反，过一种对比明显的生活，平静与激烈，恐惧与狂喜，哭泣与欢笑。试着去体验想象中这两种生活的滋味。或者，如果能做到的话，编造别的东西。

人类将非常感谢你。

83
让瞬间定格

时间：停止
材料：录音器材
作用：沉思

以前，转瞬即逝的细节过去了就永远消失了。一个手势、一道目光、一个微笑、声音的一个变化、某种光亮，一切都与其他无数细小的事物瞬间消失在遗忘的海洋里，不留任何痕迹，没有一个人再看得见。

我们发明了记录细节的机器，它们能捕捉瞬间，让微粒定格，保留声音和身影。这些机器出现得并没有太久，但我们很快就习惯了，以至于现在忽略了它们的存在及其威力，或者说几乎如此。

这个体验就是要重新意识到这些技术的威力。我们每天都不假思索地听收音机或唱片，看电视或录像，摄影、录音，录音乐和图像等。现在，我们要想一想，这些机器是用什么奇特的方式让瞬间消失的碎片抵御时间的流逝的。

1902年斯科特·乔普林①轻轻地一碰琴键，1934年露易丝·布鲁克斯②眉头一皱，1940年，德国军人的靴子踩在了香榭丽舍大街上，昨天，仍有一辆火车混乱地到达加尔各答……成千上万个瞬间被即时捕捉，照片或影片抓拍了一个个动作，夜总会里的音乐被录了下来。请在看照片或听唱片的时候思考这个问题。当你亲自录下这生活的片段时，告诉自己，你让生命中短短的一瞬摆脱了时间。想一想那个矛盾的沙漏，它把时间的尘埃赶向了永恒，那些随时会永远消失的东西，现在可以不断地从头再来，转瞬即逝的东西永远奔向永恒。

问问自己，这些东西将如何结束。

答案并不重要。

---

① 斯科特·乔普林（1868—1917），美国作曲家和钢琴家，黑人音乐家。
② 露易丝·布鲁克斯（1906—1985），美国女影星，默片时期最妖艳、最有灵气的女演员之一。

84
布置房间

时间：断断续续
材料：几个房间
作用：整理

地毯、彩色墙纸、方砖、画框、电话、灯光、门窗、窗帘、坐垫、家具、植物……必须调整位置、色调和风格。有趣的是，我们并不知道怎么调整。学会听从房间的意见吧！每个地方都有适合自己的式样或装饰，我们无法全都知道或知道得很准确。好像每个地方的精灵都讲着自己的语言，你必须设法学会它。为此，要深入了解那个地方的特征：大小、灯光、表面、材料、纹理，然后开始摸索。

好的室内布置绝不会来自最初的直觉，必须学会慢慢地接近，不断尝试，经历失败。要懂得沉默、遗忘、再发现，根据词汇的要求和要表现的东西来行事，绝不能采取理论和抽象的方式。你选择了一种颜色，四周的其他颜色也会改变。你摆放了一个家具，空间就改变了，有时色彩和光亮也会随之而变。一切都互相呼应，永远如此。所以，千万不能弄错，因为你并不真正知道自己该怎么办。

我们的体验就是服从这种每次都不同的规则，你必须同时放手又动手。一方面，事情确实是你在做，但要在不强加任何东西的前提下，事情才会成功；另一方面，这种相对消极的结果将取决于你当时的状态。那地方所提出的指导和要求，显然对每个人都不一样。如果那地方要引导什么人，那显然是引导你，而不是别人。所以，你逐渐布置的，并不仅仅是那个房间，也是你本人。

这一体验同时也告诉你，你是被装潢的对象，而绝不是作者和设计者，一个外来的意志在决定装修成什么样子。你成了房间的一个组成部分，房间呢，也成了你的一个组成部分。如果有人对你说"你家里真漂亮"，你会觉得这种说法非常愚蠢，或者想，所谓的真理其实就是过程。

85
取笑某种主张

时间：无法预料

材料：若干主张

作用：鼓励人

　　主张能让人发笑吗？能让人露出一个默契的微笑、一种快乐的表情？不仅如此，它会让人大笑，使足力气，扯开嗓子地大笑。有时好像确实是这么回事，笑得毫无节制，确实也不可能礼貌和优雅。说是人在笑，却充满兽性，难以控制，很不得体。

　　如果你想体验一下取笑某种主张，那就应该去哲学家当中寻找。你会在他们的著作里找到无数粗鲁、奇特、十分怪异、不可思议、变形、捏造、荒谬、滑稽、让人吃惊、让人恐慌的概念。你会看到他们想偏了、想歪了、侧着身子、保持平衡、茫然、身体后仰、眼睛紧闭、双手插在口袋里。这类杂技和魔术，你在小人物、严肃的人和干体力活的人身上是很少能够看到的，必须到伟人、权威和名人身上寻找。天才让人发笑，这是显然的。他们所创造的，其实是罕见的思想，是让人一开始不知所措的概念，是推翻明显事实的理论，是人们首先会觉得不可思议的想法。

起初，你也许会犹豫，不知道该不该取笑真善美。那就先从取笑奇思怪想开始。到隐蔽的角落里寻找一下，比如：柏拉图关于狗的论述，亚里士多德关于勃起的论述，斯宾诺莎关于痒痒的论述，帕斯卡尔关于喷嚏的论述，康德关于刚果蚂蚁的论述。这是一种适应新环境的方式，但还是太简单了。因为它完整地保留了原有的信仰，合理分配，把好奇心放在一边，把真正的、合理的、一针见血的问题放在另一边。相反，你却必须取笑柏拉图关于善良的观点，取笑亚里士多德关于第一动力的主张，斯宾诺莎关于自然的看法，帕斯卡尔关于亚伯拉罕的上帝的论述，康德关于道德法规的观点。

要做到这一点，不单需要时间，还要读一些书，需要耐心。首先，必须放弃这种让人生气的习惯，不要把重要的事情与可笑的事情、正人君子可敬的严肃与让人大笑的滑稽表演割裂开来。努力让自己相信，取笑最伟大的思想并不等于蔑视它们。

尊重一种思想的最好办法，就是取笑。然后开始解释、评论。

86
消失在露天咖啡座上

时间：30至40分钟
材料：咖啡馆、露天座
作用：透明

　　最好周围有人，很多人，甚至太多。你终于找到了一个座位，角落里的一张小桌子。点东西，等侍应给你上了东西之后，对他说要马上付款。是不是在调侃咖啡馆的侍应，这不重要。反正你很快就要走人。

　　你没有感到任何特别的不适，你的感觉也没有什么明显的变化，但自从侍应找你零钱开始，你就已经变透明了，再也没有人能看到你。人们在你周围聊天，但没有一个跟你说话。他们的目光扫过你却看不见你。没有一个人坐在你的椅子上，但这纯属偶然。现在，你失踪了，解体了，摸不着了，突然间化为乌有了。在你自己看来，你当然是存在的，但别人已经察觉不到你的存在。

你可以借助隐形人喜欢的办法来摆脱这一危险局面：把什么东西打翻在你身上，弄脏自己。但这不一定能成功。况且，你在地铁上或看戏时，在任何地方都有可能遇到这样的事情，却无法实施这一伎俩。总之，怀疑挥之不去，你永远不能完全肯定：他人看你，会觉得你一直存在。

其实有些迹象，许多协调的迹象，可以肯定别人在看你，在跟你说话，而且，总的来说，没有把你搞混。但没有任何东西表明事情会一直如此。相反，在相当多的情况下，你可以从他们的目光和行为中发现自己并不存在。所以，通常来说，要打消所有的顾虑，只需开口说话，提问题，以任何方式显示自己的存在。但这并不是在所有情况下都奏效的，很多时候，没有任何东西能让你相信自己没有消失。

好好想想这种情况，重要的是要知道，这种情况是让你担心还是让你放心。

87
在湖上在家里划船

时间：1小时左右
材料：划桨或小划船
作用：对称

　　你可能会在家里的健身器上划桨，或者是在湖上划船。你知道吗，划船是一项哲学活动。许多理由可以证明这一说法。人们往往想忘记这一事实：ramer（划船）这个词在法语中通常指的是使尽全力却没有直接效果（"我努力了很久才成功。"），他们关心的是如何巧妙地借用别的东西来移动。人们还会注意到，这里探索的只是表象，表面现象，而不深入内心，不涉及目光看不到的另一面。但这还不是最重要的地方。

　　划船散心最接近哲学的地方，是二者的运动都是持续不断的。划船之所以规律，是因为一系列重复动作，当然，动作是时断时续的。每一桨都是独立的，一顿一顿，它是小船唯一的动力。但当桨手流畅地把这些接连不断的推力连接起来时，小船的前行就变得持续、均匀，不会颠簸了。这也许就是哲学的一种表达方式：每个推动力都是单独的、断开的，但全部连起来便形成了一致而平稳的轨迹。关键的步骤：正确地使用惯性力、滑行和呼吸。

划船有一条基本规则：讲究对称。只要失去一点平衡，右边太用力，左边力太小，或者相反，航线都会改变，小船会颠簸，会走偏，船就无法前行了。所以你得保持平衡，不要打破它，甚至要把它延伸到你的模仿表演上。所以，下次你在自己的房间里划桨时，要想象是在湖上，看着湖水的颜色，保持节奏和对称；下次你在湖上划船时，要想象是在家里，凝视房间里的家具，同时保持节奏和对称。

当你把两种划船的方式拉得很近，使用一种便会想起另一种，那时，你就问问自己，这跟哲学有什么关系？

如果没有找到明确的答案，那就继续。

88
在夜里游荡

时间：2至3小时
材料：城市、黑夜
作用：流浪

　　许多人认为，黑夜的标志是没有日光。这种概念不仅简单化，而且也是不对的。黑夜是以新的世界代替我们白天所熟悉的世界。二者的规范和动作都不一样，思维方式也不同。人也不一定还是同一个人。

　　也许这种变化在城里最为明显。一群特殊的人居住在夜里，人数不多，稀少，分散。黑夜首先是一个空间，与白天的大小不同。我们在夜间游荡，这意味着我们在黑夜中走动而没有明确的目标，除了寻找可能的猎物，这猎物本身也很难界定。大街上几乎空无一人，可以往前走，看看城市的面貌。不管是步行还是坐

车，黑夜所呈现的城市都是开放的，让人想无
止境地走下去。

体验一下吧！自己开车，或鼓足勇气径直
前行，走它个大半夜而不知道去哪里。你永远
会有新发现，尽管你已经习惯这一事实。一盏
霓虹灯，一个街区，一场争吵，一件伤心事，
一场演出，一场预料不到的狂欢，一场白忙，
一个偶然碰到的节日。你尤其会体验到，黑夜
有许多，按空间一片片分布，或按时间一段段
分布。你也许希望黑夜永无尽头，把黎明当作
一场失败，总是期待着黄昏。白日将尽，意味
着诺言的回归。

"人们把那些在黑暗中寻求光明的人叫作
启蒙哲学家。"你会质询这一定义的真实性，
问：这跟古希腊时期"psuchè"（意思是"灵
魂"）的复数形式指的是蝴蝶这一事实有什么
关系？

89
爱上一个物品

时间：至少许多年
材料：任何东西
作用：加强关系

重要的不是它是否漂亮，也不在它是否有价值。这也许是一个普通的物品，几乎没有装饰，没什么用，也不怎么有趣。你无意之中保存了它，有点偶然，好像它藏在了壁橱的某个角落，或者是你的哪个家人给你的，可能是你的一个孩子，也可能是你的一个家长；或者是某段已逝的爱情留下的信物；要不就是某次旅行的纪念品，某个时期的象征，某个地方的见证。起初，你没怎么太注意它，因为这不是你所喜欢的物品，你甚至都忘了它从哪儿来，有什么用，又是谁的。

后来，这件不重要的物品经历了很多年，

成了一件没有丢、没有卖也没有送人的东西，而你其实并没有做过什么决定。它跟着你，从一个地方到另一个地方，旅途多少有些复杂。有一天，你想起了它的来历。你知道它属于谁，干什么用的，且再也不会忘记。对旧物产生了某种感情，并且很快就习惯了它。你对它有一种感激之情，只因它一直持续到今。

现在，尽管你已经不再崇拜什么，也不迷信，但这是一件让你最上心的东西。如果看到它被打碎，你会生气；如果它丢失，你会伤心。你与它建立起一种亲密、持久，最后变得让人欣慰的感情。将来有一天，也许你会变得很虚弱，生了病，人老色衰，奄奄一息；你感到一切都已松开、崩溃，你无望地掉入一个无底的深渊，突然，你碰到了旧日的这个物品，便死死抓住，把它当作一根救命草，它能阻止你完全掉入井底。

谁知道呢？

90
赞扬圣诞老人

时间：10分钟左右
材料：一个听众
作用：复活

不再相信圣诞老人，这被当作成熟的标志。深信不疑、对什么都感到神秘的年龄过去了。早年，思想不够成熟，别人讲什么你就信什么。你早就已经走出了那个时期。现在，你很强大，成了大人，对什么都怀疑，看破红尘，至少不会再受骗上当。

你这么肯定吗？事情就这么简单？你相信你只赢不输？也许更加自立，更加理性了，但梦想也少了，不再充满希望和理想。圣诞老人及其相关的一切可以让你回想起一个快乐的世界。他身材高大，温和善良，脸红扑扑的，具有神奇的本领，让人闻到了美味的佳肴和仙女们的香味。天堂和闪光片，生活幸福而安全的另一个世界。你骄傲地清醒后，便想加以摆脱。这也许并不完全可能。

圣诞老人年年回来，但模样没那么善良了，关节好像更灵活了，看起来没那么真诚了。人们继续梦想。但这次是以科学、革命或成功的名义。人们在梦想，却以为自己不会再梦想。也许，还是那个红脸膛的老人和他的麋鹿拉的雪橇更好。

那就体验一下当众赞扬他，面对朋友或陌生人。就说，圣诞老人没有很好地受到保护，这真遗憾，你希望他真的存在，来一场国际大调查，成立一个客观的专家委员会，因为，应该说，有的事情让人很不安。

你要提醒大家，圣诞老人是一个好人，多少年来，他给成千上万的儿童带来玩具和梦想。你要强调指出，他最近还有影响，但很脆弱。1951年，在第戎，一些天主教徒烧毁了他的模拟像，原因是这个诚实的老人很可能会扰乱人心，而在那个年代，只有耶稣才值得人们那样关注。

投入相当的热情、信任和虔诚。你怎么想不重要，尽量让自己具有说服力。这场体验的目的不是要影响什么人，你只需观察大家对你赞扬圣诞老人的反应，他们肯定会分成两派，一派耸耸肩，觉得你很傻，愚蠢地挑起事端，拒绝跟你走；另一派参与这个游戏，建议成立一个保护委员会，并着手开始通烟囱。

一切都还来得及。

91
跟孩子玩

时间：30至40分钟
材料：多种
作用：进入非正常状态

　　最惊人的，是跟一个确实不讲话或讲得很少的孩子玩。比如，一两岁的孩子。总之，不能超过3岁。选择一个他熟悉、他会玩、他觉得自己能玩得好的游戏，让他玩。你只需跟随他进入游戏。以他的方式，而不是你的方式。你要同意不断重复，接受让人惊讶的规则，要有耐心等待，能莫名其妙地激动和高兴。这一体验首先是进入"孩子的游戏世界"，尽量把"成人的正常世界"抛在一边。

　　些许努力，些许用心，灵活还是坚持，视情况而定，你最后将成为"孩子的游戏世界"的一员。也许你只能部分达到目的，这也没关系，再说，游戏的目的不是让你完全处于被动，而是让你自己成为这个世界的真正参与者，尽管它有时会让人很狼狈。

然后再看看你这么投入对回到正常世界会有什么影响。现在，到了体验的关键。如果你先前足够投入，如果你把自己连贯的思想（与"孩子的游戏世界"不兼容）抛弃得足够远，时间足够长，你很有可能一下子回不去。有趣的正是这一迷失的时刻、迷茫的时刻，这种想找回自己特征的摸索。前提是你能体会得到。

进入"孩子的游戏世界"，尽管时间很短且不完美，好像让你完全乱了套，以至于不得不进行弥补。这种重建可能需要一定的时间，你可能突然不知道自己该做什么，首先要做什么，或自己喜欢做什么。你的内心乱了，要恢复它，需要一定的努力，但不可能一下子做到。

根据这一经验，你可以思考一下这个问题：被你当作"正常"思想的状态，其范畴其实非常狭窄、非常脆弱。

92
纯碰运气

时间：2秒
材料：卡西诺或类似
　　　的地方
作用：冒险

　　你刚刚押了一笔钱。这一赌全靠运气，不需要任何技能，也无法进行任何干预。希望你对结果不会无动于衷。如果赢，你可能赢很多，这将大大改变你的人生。所以你会想，如果真的那样，你的一生就看这一搏了。在相当大的程度上，你的未来取决于你完全无法掌控的东西：一个圆球在转盘上滚动，一张牌在绿毯上出现，或几个图像排列在一台机器的屏幕上。

　　现在，我们要体验的，是这种主客体之间没有关系的情况。你肯定会赢或者输，输的可能更大，赢的可能也不是完全没有。二者皆可预测，但全都没有意义。这是最难理解的。

从金钱的角度来看，你可能原地踏步，或者相反，迅速致富。但不同的未来仅仅取决于纯粹的运气，主客体之间没有关系，主观意图不起作用，结果和你是否有才能没有关系。你把自己交付了命运，交给了一个没有偏见的匿名裁判，一秒钟后，你将以一种完全讲不出道理的方式输或者赢。

你不可避免地想用各种解释、请求、希望、估计和断断续续的神秘思想来填补这一空白。命运取决于无理性的片刻，要一下子接受这一事实，是需要很大的精神力量的。

如果力量强大，我们也许才能永远做到这一点。

93
跪下来背电话簿

> 时间：15分钟
> 材料：一本电话号码簿，
> 　　　最好是旧的
> 作用：尊重

　　喜欢一成不变的人不断重复说：只要去做，信仰自会来临。请跪下来，该怎么背就怎么背，你肯定会产生信仰。尽管对真正有信仰的人来说，这种观点很得罪人，但也许并非没有道理。根据以下的实验方式，也许可以体会得到。

　　每天同一时刻拿出15分钟时间，在这一刻钟内，大声朗读相同页数的电话号码簿，咬字要清楚，发音要清晰，一行行地读，姓、名、地址和电话号码。注意，最好找一本旧电话号码簿，但并不强求。不过，如果所读的内容完全没有用处，已经有了些年头，传播了很长时间，这也许并不坏。

所以，不要试图给你背诵的东西以某种意义，别想着向总机求助，打听已故的订户，或通过祈祷，建立起广泛而普遍的联系。不！每天跪着朗读15分钟电话号码簿，仅此而已。这叫实践，其他的一切无非是评论和装饰。

除了膝盖可能会疼痛之外，你还能从这种体验中获得什么教训？这种荒谬的强制行为具有巨大的威力，散发着奇特的魅力，人们肯定会糊里糊涂地跟着它走。因为不作解释，你就很有可能无法继续下去。你也许会为自己的行为拼凑一些理由，创造一个神话，哪怕是为了开玩笑，让人理解这种阅读、阅读的目的及其范围。

如果你无法制止，那就成立一个小团体。

94
想想别人在做什么

时间：10至15分钟
材料：无需
作用：开解

你暂时孤身一人。不管怎么样，这种孤独让你心情沉重，你觉得和世界断绝了关系。这当然不是真的。为了看看你错成什么样子，先问问自己，此时此刻，你的亲人，你的家人，你最好的朋友们在做什么。尽可能准确和真实地想象他们目前的活动，也设想一下他们眼下在什么地方。跟你现在所处的地方相比，他们是在你前面，你后面，你左边，你右边，你上方，还是你下方？想象一下他们彼此的距离。从各种角度去察看他们，观察他们的身影和具体的动作。然后慢慢地扩大视野，把他们周围的人也插入这个场景。

然后想象每个村庄、每个街区、每个城市的人在做什么。他们在工作，在啼哭，或是在流浪？此刻，有多少人是在睡觉？从全球的角度去思考这个问题。就在现在，百分之几的人在打哈欠、剪指甲、疼痛得直不起腰、笑着苏醒过来、吃东西、快乐地大叫、烦恼得想死？

此刻，多少人在弹钢琴、听巴赫的音乐、正在躲避警察、从图书馆里出来、坐在飞机上、正在擦屁股、洗手、刷牙、擤鼻涕？多少人在哭，多少人在笑，多少人在面对听众说话，多少人正在听别人说话，多少人正企图自杀？

此刻，多少人正在问自己同样的问题？

95
到处演戏

时间：几小时至几年
材料：无需
作用：抗压抑

　　人们在感到沮丧的时候往往会相信生活是严肃的，世界是现实的，说的话是真的。幸亏，挑战这种让人生气的倾向并不太复杂，只需不断地把每个情形都变成喜剧，至少开头可以这样。这种变化不仅仅影响你对事件的内在感觉，它应该还会改变你的声音、你的言谈举止，甚至是实际发生的事情。

　　所以，今天早晨，你不要先去面包店买面包，然后去邮局买邮票，而是扮演一个威风凛凛的顾客走进面包店。注意推门的方式（用手臂推，推得用力点，但不要太猛），声音要恰到好处，清晰地说出"你好"二字，一个早晨来买法式面包的顾客所说的"你好"。买单、收好找回的零钱，一直威风凛凛，然后说声"谢谢"和"再见"。当心自己的举止，动作要得体，要迈着自豪的步伐，向门口走去，遇到进门买东西的女士，甚至对她会意地一笑。看她那副样子，肯定是来买切片软面包和杏仁小蛋糕的。

然后，你有三分半钟的时间一边走一边扮演另一个角色，隐匿自己的身份，去买邮票。你缩头缩脑地来到一个陌生的邮局，有些胆怯，不知道怎么买，也许在国外生活了太长时间，或者是刚从医院里出来，总之是不自信，甚至还有点犯罪感，手里笨拙地拿着法式面包，觉得它很碍事，甚至有些不合适，不知道怎么办才好，由于无法把它藏起来，显得十分狼狈。

如此等等。祝你好运！

96
想象中除害

时间：15至20分钟
材料：无需
作用：解脱

废除死刑，从道德的角度来看，不是一件坏事，但它的负面作用也不容忽视，想想假如坏人越来越多、肆无忌惮。如果你忍不住要对一个笨蛋、一个坏蛋、一个恶鬼、一个讨厌的人发火，不要感到为难。体验一下，扮演恶人，干脆利落地向他们发难。

选择好时间、地点、方式，明确决定采取什么方式：亲自动手还是指挥别人，自己在场还是不在场，考虑好每个场景的所有细节，对于恭维和唠叨要毫不犹豫地打断。要敢于像大

木偶剧场①那样，岩石风化般无情，萨德侯爵②
般冷酷。学会心满意足地来想象这类场面，并
长久保持这种快乐。

　　别担心这会唤醒自己身上的不良倾向，
从而很快把自己拖向罪恶的深渊。并非在想象
中诅咒邻居你就会成为罪犯。恰恰相反，满足
了想象，你便越能尊重邻居的基本权利。那
家伙，他根本没有事，毫发无损，活得好好
的……

---

① 巴黎过去专演恐怖剧的一个剧院。
② 萨德侯爵（1740—1814），法国作家，性虐待狂。

97
坐地铁瞎逛

时间：1小时左右
材料：地铁
作用：存在感

公共交通是用来营运的，你搭它是想去某个地方，就这么简单。有用，而非有趣，尽管运输过程可能会让你感到快乐（你很高兴出发去旅行，或重返苏宗河①）或者好玩（舒适、高效，等等）。你搭公共交通是让它用汽车、火车、飞机把你送到什么地方，而不是来当观察家的，只是来看看会发生什么事。简单地看一眼吧！

试试看，让自己在交通工具上"移动"，为坐车而坐车，而非使用它，暂时让这个世界

① 法国河流名，罗讷河支流。

非工具化。比如，坐一个小时的地铁，仅仅是为了待在地铁上。你可以登上一节地铁车厢，坐几个站，然后转车。重要的是你哪儿都不去，没有预定的线路。你坐车不是要去哪里，你的旅行没有目的，你只是来坐一小时车，是来看风景的，就这么简单。

这种最基本的旅行很有可能让你对你自己、对别人，附带着对地铁有更多的发现，这是你之前没有想到的。问问自己，此刻，是否只有你一人为了坐地铁而坐地铁？那些来来往往、上上下下的人，表现得像是坐地铁旅行的人，有没有可能都跟你一样，是来沉思的？如果这种假设得到证实，那公共交通的作用，显然不过是胆怯或虚伪的唯美者的骗局和借口。

这种可能性无法用任何可靠的方式来证明和否定，但你可以不断地把自己观察到的东西记在你的日记本上。你可以把许多都市的地下交通系统所引起的困惑做一比较，不管是不是欧洲的。

98
摘掉自己的手表

时间：不定
材料：一块手表
作用：让人迷失

首先来测一下你中毒有多深。你是一天看三次表，还是每小时四次，或者更多？你可能根本不知道，你的估计是错误的。那就从客观的测算开始，如果你平均每一刻钟至少看一次表，这一体验就是为你而准备的。

做法是摘掉手表之后，看看是否还能"正常"生活。从相对短暂的时刻开始，或者是你不需要精确安排工作的时候，比如，午后在家的时间，休息的日子。然后慢慢继续，更大胆地尝试，比如外出，或是工作约会。原则上，你无权借用路上的其他计时仪器，如工厂里的挂钟、公共场所的钟楼、停车计时器或电脑上的时间显示。相反，你应该让自己因缺乏时间指示而困惑和不安。

你会好奇地发现，自己的手腕上竟然空空如也，于是头脑犯糊涂了，不知道自己在什么地方……究竟在干什么。没有钟表的参照，你会感到不安全、不踏实？你在一定程度上强烈而持久地感到有点不方便。世界变得不正常了，放歪了，在飘动，失调了。

如果坚持下去，如果继续练习并形成习惯，你一定会发现另一种感受时间的方式，内在的、活跃的、放松的，准确而不紧张。最终，你会感觉到内心的准确时间，甚至不需要去想。那时，你就可以好好研究一下，钟表、指针和时间表是如何以暴力和强迫的（相对而言）形式影响人类生活的。

99
忍受唠叨的人

时间：几分钟
材料：一场谈话
作用：让人安静

有些人唠叨、啰唆、滔滔不绝，没法让他们闭嘴。一旦被他们堵住，不管是在门口、走廊、接待处还是餐厅，他们就不会放过你了。他们所说的话毫无意义，但他们非让你听不可。

饶舌者是人间的灾难之一。如何避开他们呢？学会不再听他们说话，而要做到这一点，进行一些训练是必要的。也许不能一蹴而就，需要有些技能，也不是一下子就能学会的。当饶舌者跟你说话时，你要尽可能不顺着他的话头。最好，你已经有充耳不闻的本领。稍加练习，你便能让饶舌者无法跟你说话。这是一场真正的挑战，当然不能让人看出来。我们要体验的是失踪，尽量完全消失，而对方却丝毫察觉不到你的隐退。

目光绝对不要游移，相反，要盯着饶舌者的眼睛，尽量显得很专注、感兴趣（略显高兴，或很严肃，很伤心，根据他开头怎么说而定）的样子。不停地点头，不时发出低沉的声音，但时间要短，一字一顿，不过不要太频繁。让自己机械地听他说话，心不在焉地跟随他说话的声音和节奏。稍微习惯了一点之后，你就能觉察到他什么时候会暂停一下，你要随口用一些话来填补这一空白："到了这地步？""真是疯了！""我怎么也不敢相信！"如果必要，尤其是为了结束谈话（或在要打瞌睡之前改变话题），你可以听两三个句子，问一个问题。

接下去，就是如何熟练和完善的问题了。直到有一天，你可以跟一个很高兴你能认真听他说话的饶舌者约会。

利他主义好像并不需要付出太多。

100
家宴后收拾残局

时间：1至2小时
材料：一次家宴
作用：多种多样

最后一批客人刚刚离开，大家似乎都很高兴。曾有滑稽的时刻、热情的举动和久别重逢。烛光和朋友，私下里讲的故事和情感阴谋。音乐、歌曲、即兴游戏、美酒佳肴，每个客人都带了手信，像往常一样，食物太丰盛了。总之，家宴举办得很成功。

现在，家里堆满了空盘空碟，酒杯半满，烟灰缸里烟灰都满出来了。杯盘如山，碗碟成打。厨房成了一个杂物间，冰箱好像被洗劫了。你没有管家，没有膳食总管，也没有女佣，时间已经很晚，而且你喝了不少。怎么办？

有两个相反的派别，他们关于世界、关于时间的观点截然不同。

第一派认为应该一鼓作气。他们解释说，必须马上收拾，立即清理奶油和沙司，把所有的餐具都放到洗碗机里，把装得满满的垃圾袋拿出去，让一切恢复原样。不足之处很明显：必须振作精神，不遗余力。好处是：醒来时一切都干干净净。

支持幸福拖延的那一派将打发你去睡觉或转身去玩，不立即进行大扫除。他们不是卫生工作者，认为应该把庆典的痕迹再保留一段时间，继续沉浸在欢乐而难忘的气氛中。把打扫推迟到次日，以让人回忆起前一天的快乐。

这两个派别完全水火不容，各自的信徒早就放弃任何对话的机会，谁都无法让他们和解。

101
寻找轻抚

时间：不定
材料：几乎没有
作用：神奇

抚摸是精神性的东西，因为它缺乏实体，既不可能被定义，也不可能用一定的空间来容纳。抚摸只存在于快要消失之际，其存在方式是长期时续时断，维持无数瞬间。它在消失的边缘不断复活，与虚空一起舞动，让界限现出彩虹。一使劲，抚摸就不成其为抚摸了，而是成了按摩，成了刺激，虽然那是一些可敬的活动，但与抚摸是两码事。而没有接触，抚摸就会消失。

我们要体验的是，找到最轻最轻但并非虚幻的抚摸。其实，抚摸越轻就越有力，越让人感觉不到就越美妙。只需在刚刚露出来时，悬而未决时，在靠近存在与虚无的地方坚持不懈。

轻轻地抚摸，会有无数作用，你得穷尽一生来一一体验。尤其应该根据抚摸的地方：脸上、背部、腹部或是私处，好好比较一下各种结果，并考虑之后的路线。同样，也应该感受和沉思轻微地抚摸自己、抚摸别人或别人抚摸你的区别。

最后，建议你不要忽略轻微抚摸和极端狂喜之间的微妙关系。这也许是欧洲历史的分界之一：一方面，是那个脱胎换骨、被认为拥有辉煌之躯的人①的名言"Noli me tangere"（"别碰我"）；另一方面，是战后超现实主义的格言"请触碰我"。

---

① 指耶稣。《圣经》中有非常戏剧性的一节。耶稣复活后，遇到了妻子抹大拉的玛利亚，却不让玛利亚碰他，而是说："不要摸我，因我还没有升上去见我的父。你往我弟兄那里去，告诉他们，我要升上去见我的父，也是你们的父，见我的神，也是你们的神。"（见《约翰福音》20章17节）